MÄRCHEN VON MUTIGEN MÄDCHEN

Dieses Buch ist den Kindern dieser Welt gewidmet, ganz besonders allen Kindern, die nicht in Freiheit leben können. Ich wünsche mir von Herzen, dass ihr dieses Märchenbuch lesen könnt, um eurer Lebensrealität zu entfliehen, und sei es nur für einen kurzen Moment. Alle Kinder sollten frei sein. Frei, Märchenbücher zu lesen. Frei zu lesen. Frei.

Mehr über unsere Bücher, Autor:innen und Illustrator:innen unter
www. thienemann.de

MIX
Papier | Fördert gute Waldnutzung
FSC® C144853

Sandra Dieckmann
Märchen von mutigen Mädchen. Grimms Märchen von Sandra Dieckmann
ISBN 978-3-480-23972-6
Einband- und Innentypografie: Daniela Schanen, www.solldesign.de

MÄRCHEN VON MUTIGEN MÄDCHEN

GRIMMS KLASSIKER VON SANDRA DIECKMANN
AUS DEM ENGLISCHEN VON ULRIKE KÖBELE

esslinger

INHALT

Dornröschen

Es waren einmal ein König und seine Frau, die wünschten sich sehnlichst ein Kind. Jeden Tag sahen sie einander an und seufzten: »Ach, wenn wir doch nur ein Kind hätten …«, und doch bekamen sie keins. Doch eines Tages, als die Königin ein Bad im Seerosenteich nahm, ließ sich ein Schwan neben ihr auf dem Wasser nieder und sprach: »Dein Wunsch wird in Erfüllung gehen. Noch vor Ablauf eines Jahres wirst du ein Kind in den Armen halten.«

Und so geschah es. Genau wie der Schwan versprochen hatte, brachte die Königin einige Zeit später eine gesunde Tochter zur Welt. Das Königspaar war überglücklich und beschloss, zu Ehren des Kindes ein großes Festmahl zu geben. Alle waren eingeladen: Familie und Freunde, nahe und entfernte Bekannte und dazu alle Feen des Königreichs. Doch als die dreizehn Feen eintrafen, war nur für zwölf von ihnen gedeckt. Sie hatten die dreizehnte Fee vergessen!

Die Gäste feierten ein rauschendes Fest. Es wurde gelacht, getanzt und das köstlichste Essen aufgetischt. Am Ende des Abends traten die Feen vor, um das Kind mit ihren Gaben zu segnen. Eine Fee beschenkte das Mädchen mit Tugend, die nächste mit Schönheit und die dritte mit Reichtum. So ging es reihum, bis sie dem Kind alles mit auf den Weg gegeben hatten, was man sich auf der Welt nur wünschen konnte.

Doch nachdem die elfte Fee ihre Gabe verkündet hatte, sprang auf einmal die dreizehnte Fee dazwischen. Sie konnte ihre Wut darüber, dass man sie vergessen hatte, nicht länger unterdrücken und rief: »Weil ihr mich so schmählich missachtet habt, verfluche ich euer Kind. An ihrem sechzehnten Geburtstag soll sich die Prinzessin an einer Spindel stechen und tot umfallen.«

Die Eltern wurden bleich vor Entsetzen. Doch da trat die zwölfte Fee vor, die ihren Wunsch noch nicht ausgesprochen hatte, und sagte: »Ich kann den Fluch nicht aufheben, aber ich kann ihn abmildern. Eure Tochter soll nicht sterben, sondern in einen hundertjährigen Schlaf fallen.«

Um zu verhindern, dass sich die Prophezeiung erfüllte, ließ das Königspaar noch am selben Tag alle Spindeln im ganzen Land einsammeln und vernichten.

Das Mädchen wuchs heran und schon bald zeigten sich an ihr all die Gaben, mit denen die Feen sie bedacht hatten. Sie war freundlich, bescheiden, klug und wunderschön. Als sie sechzehn wurde, beschlossen der König und die Königin, dass sie alt genug war, um ohne Kindermädchen auszukommen, und so machte sich die Prinzessin daran, das Schloss auf eigene Faust zu durchstreifen. Sie erkundete jede Nische und jeden Winkel, jede Kammer und jeden Saal, bis sie zum Fuß eines kleinen, dunklen Turmes kam.

Neugierig stieg sie die schmale Treppe hinauf und fand sich zu guter Letzt vor einer schweren Holztür wieder, in deren Schloss ein rostiger Schlüssel steckte. Als sie den Schlüssel umdrehte, sprang die Tür auf. Dahinter saß eine alte Frau auf einem niedrigen Schemel und spann Flachs.

Die beiden kamen ins Gespräch und saßen bald lachend und scherzend beisammen. Die Prinzessin stellte der alten Frau viele Fragen zu ihrer Arbeit und so bot diese ihr schließlich an, ihr das Spinnen beizubringen. Ohne zu zögern griff das Mädchen nach der Spindel, stach sich in ihrem Eifer jedoch in den Finger und fiel augenblicklich in einen tiefen Schlaf. Daraufhin verwandelte sich die alte Frau zurück in die dreizehnte Fee und flog durchs Fenster auf und davon.

Und so legte sich ein hundertjähriger Schlaf über das gesamte Schloss. Die Pferde in ihren Ställen, die Hunde im Hof, die Tauben auf den Dächern und die Fliegen an den Wänden kamen zur Ruhe und schliefen ein.

In der Küche erstarrten die Flammen im Herd und der Braten hörte auf zu brutzeln, während die Köchin, die gerade dem Küchenjungen die Ohren lang ziehen wollte, mitten in der Bewegung innehielt. Sämtliche Männer, Frauen und Kinder im Schloss fielen in tiefen Schlummer. Selbst der Wind hörte auf zu wehen und am Hofe kehrte eine unheimliche Stille ein.

Schon bald begann rings um die Schlossmauern eine dichte Dornenhecke zu sprießen, die höher und höher wuchs, bis das ganze Schloss dahinter verschwunden war. Nur die Spitze des Turms, in dem die schlafende Prinzessin lag, war noch zu sehen.

Die Gerüchte über den schlummernden Königshof verbreiteten sich wie ein Lauffeuer im ganzen Land. Männer und Frauen, Könige und Königinnen, Prinzen und Prinzessinnen versuchten, die Prinzessin und den königlichen Hofstaat zu retten, doch es gab kein Durchkommen. Die Dornenranken hielten fest zusammen, als hätten sie Hände, sodass alle, die sich dennoch hineinwagten, sich darin verhakten und eines schrecklichen Todes starben.

Mit den Jahren fanden sich immer weniger Menschen, die bereit waren, die Gefahren auf sich zu nehmen, und so war die Prinzessin bald landauf, landab nur noch als »Dornröschen« bekannt, nicht mehr als eine traurige Sage.

Viele, viele Jahre später kam ein Prinz aus einem fernen Königreich ins Land. Eines Tages hörte er, wie ein alter Mann die Geschichte von dem schlafenden Schloss und der wunderschönen Prinzessin darin erzählte, die seit hundert Jahren hinter einer undurchdringlichen Dornenhecke gefangen war.

»Ich werde mein Glück versuchen!«, verkündete der junge Prinz. »Ich werde die Dornenhecke überwinden und die schöne Prinzessin retten.«

Der alte Mann versuchte vergeblich, den Prinzen davon abzubringen. Er warnte ihn, dass ihm das gleiche Schicksal drohte wie all den anderen, die in der Hecke hängen geblieben und darin gestorben waren. Doch der Prinz war ein Romantiker und wenn er sich einmal etwas in den Kopf gesetzt hatte, ließ er sich durch nichts und niemanden aufhalten.

Er ritt auf direktem Weg zum Schloss, stieg ab und zog tapfer sein Schwert, um die undurchdringliche Dornenhecke zu bezwingen ... nur um festzustellen, dass anstelle der Dornen lauter liebliche Rosen wuchsen, die vor ihm zurückwichen, als er näher trat. Er pflückte eine einzelne rote Rose und schritt durch die Öffnung in der blühenden Hecke, ohne zu merken, dass sich die Ranken hinter ihm wieder zu einem dichten Dornengeflecht schlossen.

Der Prinz lief an den Ställen vorbei, aus denen kein Geräusch drang, und über den Hof, wo die Hunde auf dem Boden schliefen. Er erspähte die Tauben auf den Dächern, die ihre Köpfe unter die Flügel gesteckt hatten, und die Fliegen, die reglos an den Wänden saßen. In der kalten Küche fand er den Küchenjungen und die Köchin, die mitten in der Bewegung erstarrt waren.

Im ganzen Schloss war es so still, dass er sein eigenes Herz schlagen hören konnte.

Unbeirrt setzte der Prinz seinen Weg ins Innere des Schlosses fort, bis er schließlich zum Fuß des kleinen, dunklen Turmes kam. Er stieg die schmale Wendeltreppe hinauf und betrat vorsichtig den Raum, in dem Dornröschen lag und schlief.

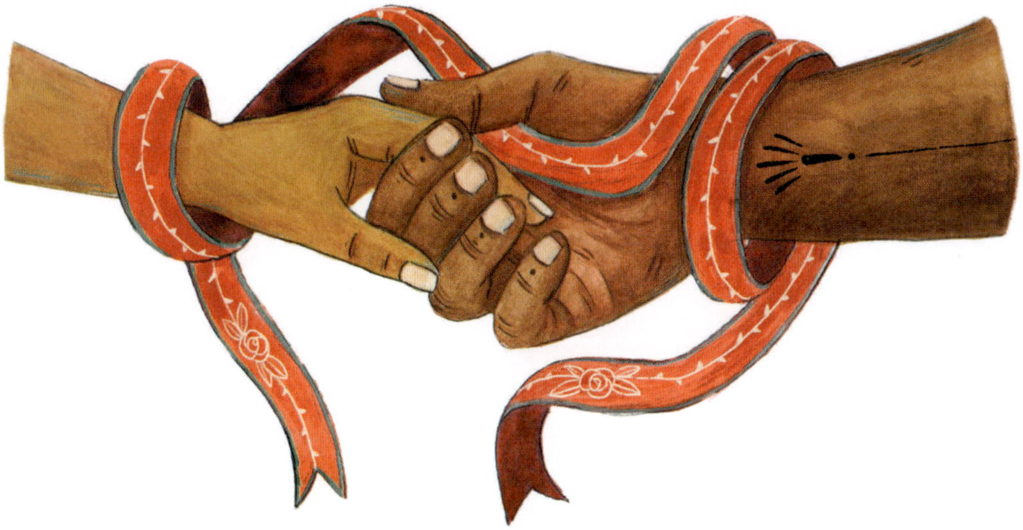

Als der Prinz sie erblickte, so wunderschön und friedlich, ging er zu ihr und bettete behutsam die rote Rose zwischen ihre gefalteten Hände. Dann strich er ihr sanft über die Wange.

Auf einmal erwachte die Prinzessin aus ihrem Schlummer, und mit ihr der König, die Königin und der gesamte Hofstaat. Die Pferde wieherten, die Hunde bellten und die Fliegen und Tauben flogen auf. Überall im Schloss erwachten Kaminfeuer zum Leben, in der Küche begann der Braten wieder zu brutzeln und die Köchin zog den Küchenjungen so fest an den Ohren, dass er wie ein Hündchen aufjaulte.

Das Schloss war endlich erwacht. Dornröschen und der Prinz verliebten sich ineinander und ihre Hochzeit war ein rauschendes Fest. Und so lebten die beiden glücklich und zufrieden bis ans Ende ihrer Tage.

Die goldene Gans

Es war einmal ein Vater, der hatte drei Söhne. Der jüngste wurde von allen nur »Tollpatsch« genannt und verspottet – sogar von seiner eigenen Familie. Eines Tages ging der älteste der drei Brüder in den Wald, um Holz zu hacken. Seine Mutter gab ihm einen frisch gebackenen Pfannkuchen und eine Flasche mit süßem Tee mit, falls er unterwegs hungrig oder durstig wurde.

Im Wald begegnete er einem alten Fuchs, der ihn freundlich anlächelte und fragte: »Gibst du mir etwas von deinem Essen ab, lieber Junge? Ich habe solchen Hunger und Durst!«

Doch der älteste Sohn sagte: »Wenn ich mein Essen mit dir teile, habe ich nicht genug für mich selbst. Verschwinde und lass mich in Ruhe!« Er ließ den Fuchs stehen und setzte seinen Weg fort.

Bald schon hatte er einen passenden Baum gefunden. Er holte mit der Axt weit aus, verfehlte jedoch den Stamm und hieb sich stattdessen in den eigenen Arm. Blutend schleppte er sich nach Hause, um die Wunde verbinden zu lassen. Der alte Fuchs hatte ihn verflucht.

Daraufhin machte sich der mittlere Sohn auf den Weg, um Feuerholz zu holen. Er bekam einen frischen Pfannkuchen und eine Flasche süßen Tee mit auf den Weg. Auch er begegnete dem alten Fuchs, der ihn um etwas zu essen bat. Doch der mittlere Sohn wollte ihm ebenfalls nichts abgeben, denn er hatte Angst, dass nicht genug für ihn selbst übrig bliebe. Er verscheuchte den Fuchs und lief weiter. Die Strafe ließ nicht lange auf sich warten: Als er mit der Axt ausholte, um den ersten Baum zu fällen, hieb er sich ins Bein und musste nach Hause getragen werden.

Nun sagte Tollpatsch zu seinem Vater: »Bitte, lass mich gehen und Holz für unsere Familie schlagen!«

Der Vater antwortete: »Wenn es deine Brüder schon nicht geschafft haben, wie willst du es dann hinkriegen? Vergiss es!«

Doch Tollpatsch bettelte so lange, dass der Vater schließlich rief: »Gut, bitte, dann tu, was du nicht lassen kannst! Du wirst schon sehen, was du davon hast!« Die Mutter gab ihm eine verbrannte Scheibe Brot und eine Flasche Wasser mit.

Als der Tollpatsch in den Wald kam, traf auch er auf den alten Fuchs, der ihn bat: »Bitte gib mir etwas von deinem Essen ab, ich habe solchen Hunger und Durst!«

Tollpatsch antwortete: »Ich habe nur trockenes Brot und Wasser, aber du kannst gerne etwas davon haben, wenn du möchtest.«

Sie setzten sich, um das einfache Mahl miteinander zu teilen, das sich wie durch Zauberhand in einen köstlichen Pfannkuchen und eine Flasche süßen Tee verwandelt hatte. Als sie fertig waren, sagte der alte Fuchs: »Du hast ein gutes Herz und bist bereit, das Wenige, was du hast, mit anderen zu teilen. Darum will ich dir etwas schenken. Siehst du den alten Baum dort drüben? Geh hin und fälle ihn. Zwischen seinen Wurzeln wirst du etwas Besonderes finden.« Damit verabschiedete sich der freundliche alte Fuchs.

Der Junge ging zu dem Baum und fällte ihn. Zwischen seinen Wurzeln fand er eine Gans, deren Federn aus purem Gold waren. Behutsam hob er sie hoch und nahm sie mit in das Wirtshaus, in dem er übernachten wollte.

Der Wirt hatte drei Töchter, die sich beim Anblick der Gans nichts sehnlicher wünschten als eine Feder von diesem wundersamen Tier.

Als Tollpatsch vor die Tür ging, nutzte die älteste Tochter die Gelegenheit. Sie stürzte sich auf die Gans, um ihr eine goldene Feder aus dem Flügel zu zupfen. Doch als sie den Vogel berührte, blieb ihre Hand daran kleben. So fest sie auch zog, sie konnte sich nicht befreien.

Wenig später beschloss die mittlere Schwester, ihr Glück zu versuchen. Doch als sie sich an ihrer Schwester vorbeidrängte, blieb sie an ihr kleben.

Bald darauf kam auch die dritte Schwester, um eine goldene Feder zu stibitzen. Als die beiden älteren sie sahen, riefen sie: »Bleib weg! Um Himmels willen, bleib bloß weg, Schwesterchen!«

Aber sie verstand die Warnung nicht. Sie eilte zu ihnen, aber als sie ihre Schwester berührte, blieb sie an ihr kleben. So mussten die drei die gesamte Nacht bei der Gans verbringen.

Am nächsten Morgen nahm Tollpatsch die Gans, brach auf und ging seiner Wege. Er lief, wohin ihn seine Beine trugen – mal hierhin, mal dorthin, durch Wälder, Wiesen und Felder. Den Schwestern blieb nichts anderes übrig, als ihm zu folgen.

Mitten auf freiem Feld begegneten sie einem Pfarrer, der beim Anblick der seltsamen Prozession verdattert stehen blieb. Empört darüber, dass drei Mädchen so schamlos einem jungen Mann hinterherliefen, rief er: »Wisst ihr denn nicht, was sich gehört?« Er packte die jüngste Schwester am Arm, um sie wegzuziehen … und blieb prompt an ihr kleben.

Wenig später stieß der Küster auf das merkwürdige Grüppchen. Er staunte nicht schlecht, als er den Pfarrer sah, der den drei Mädchen hinterhereilte. »Hochwürden, warten Sie!«, rief er. »Haben Sie den Gottesdienst vergessen?« Er fasste den Pfarrer am Ärmel, um ihn aufzuhalten, und klebte an ihm fest. So liefen sie weiter, bis sie auf zwei Bauern trafen, die mit ihren Hacken ein Feld bearbeiteten. Der Pfarrer rief sie herbei damit sie sie ihn und

den Küster befreiten, doch als die Bauern es versuchten, blieben sie am Küster kleben. Nun waren es schon sieben, die an der goldenen Gans festklebten.

Kurze Zeit später kamen sie in eine Stadt, die von einem König regiert wurde, dessen Tochter so ernst und traurig war, dass niemand sie zum Lachen bringen konnte. Um das zu ändern, hatte er unter den Bewohnern der Stadt verkünden lassen: Wer auch immer es schaffte, seiner Tochter ein Lachen zu entlocken, sollte sie zur Frau bekommen. Als Tollpatsch das hörte, ging er geradewegs zum Königshof. Die Prinzessin sah die sieben Menschen, die wie an einer Perlenkette aufgereiht hinter der Gans herliefen, und fand den Anblick so komisch, dass sie lauthals anfing zu lachen. Das kam so überraschend, dass ringsum die Vögel aus den Bäumen aufflatterten. Erfreut bat Tollpatsch um die versprochene Belohnung.

Doch als der König ihn erblickte, überlegte er es sich plötzlich anders und verlangte, dass Tollpatsch noch eine weitere Aufgabe erfüllte. Wenn er die Königstochter wirklich heiraten wollte, sollte er zuerst einen Mann finden, der einen ganzen Keller voller Wein leer trinken konnte.

Entschlossen ging Tollpatsch in den Wald zurück, zu der Stelle, wo er die goldene Gans gefunden hatte. Auf dem Baumstumpf saß ein Mann mit feuerrotem Haar, dessen feiner Schnurrbart betrübt herabhing. Tollpatsch erkundigte sich, was los sei, und der Mann antwortete: »Ach, ich habe solchen Durst! Wasser genügt nicht, um ihn zu stillen, und selbst das Fass Wein, das ich soeben getrunken habe, war kaum mehr als ein Tropfen auf den heißen Stein!«

»Ich kann dir helfen!«, rief Tollpatsch erfreut. »Komm mit, ich weiß, wo es genug zu trinken gibt!«

Er führte den Mann in den königlichen Weinkeller, wo dieser sich genüsslich über die großen Fässer hermachte. Der Mann trank und trank und ehe der Tag vorbei war, war der Keller leer.

Wieder bat Tollpatsch um die Hand der Prinzessin, doch der König konnte die Vorstellung nicht ertragen, dass dieser seltsame Kerl seine geliebte Tochter bekommen sollte. Also stellte er eine weitere Bedingung: Tollpatsch sollte einen Mann finden, der einen ganzen Berg voll Brot aufessen konnte.

Unbeirrt kehrte Tollpatsch in den Wald zurück. Erneut traf er dort einen rothaarigen Mann. Dieser schnallte gerade mit finsterer Miene seinen Gürtel enger. »Ich habe eine ganze Backofenladung Brötchen verschlungen«, klagte er, »aber ich bin noch so hungrig, dass ich mir den Bauch abschnüren muss, wenn ich nicht verhungern will.«

»Was für ein wunderbarer Zufall!«, rief Tollpatsch erfreut. »Komm mit, ich weiß, wo du dich satt essen kannst.« Tollpatsch brachte den Mann zum Königshof, wo inzwischen alles Mehl aus dem gesamten Königreich herbeigeschafft worden war, um riesige Brote daraus zu backen. Der Mann aus dem Wald stürzte sich darauf, und einen Tag und eine Nacht später war kein Krümel mehr übrig.

Zum dritten Mal bat Tollpatsch um die Hand der Prinzessin, doch der König ließ sich abermals etwas Neues einfallen. Diesmal sollte Tollpatsch ein Schiff finden, das zu Wasser und zu Land fahren konnte. Sobald er damit angesegelt kam, würde der König in die Hochzeit einwilligen. Der Tollpatsch kehrte in den Wald zurück, wo er dem freundlichen alten Fuchs begegnete. Er erzählte ihm von dem Auftrag des Königs.

»Du hast mir zu essen und zu trinken gegeben«, erwiderte der Fuchs. »Weil du so großzügig warst, schenke ich dir ein solches Schiff.« Und das tat er.

Als der Tollpatsch in einem Schiff zum Palast zurücksegelte, das zu Wasser und zu Land fahren konnte, hatte der König keine Ausrede mehr.

Tollpatsch heiratete die Prinzessin und als der König starb, erbte er obendrein das ganze Königreich. Die beiden waren gütige und gerechte Herrscher und fanden stets etwas, worüber sie miteinander lachen konnten. So lebten sie glücklich und zufrieden bis ans Ende ihrer Tage.

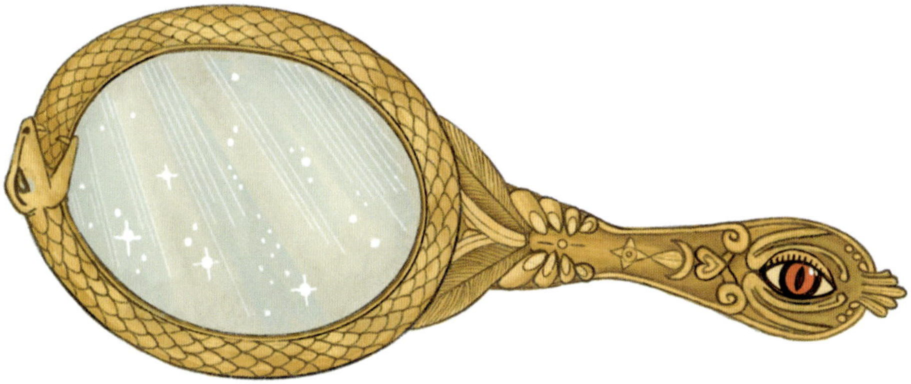

Schneewittchen

An einem bitterkalten Wintermorgen, als Schneeflocken wie weiche weiße Daunenfedern vom Himmel schwebten, saß eine Königin am offenen Fenster und schnitzte ein kleines Figürchen aus Ebenholz. Zwischendurch hielt sie inne, um einen der zarten Eiskristalle aufzufangen. Sie beobachtete, wie er langsam in ihrer Handfläche schmolz, und war so gebannt von dem Anblick, dass sie unwillkürlich die Finger darum schloss und dabei ganz das Messer in ihrer Hand vergaß. Die scharfe Klinge schnitt ihr in die Haut und drei Blutstropfen fielen in den weißen Schnee.

Die Königin war von den roten Flecken auf dem strahlend weißen Untergrund wie verzaubert. Sie griff nach der kleinen Holzfigur und flüsterte: »Ich wünschte, ich hätte ein Kind, so schwarz wie Ebenholz, so rot wie Blut und so weiß wie Schnee.«

Weniger als ein Jahr danach brachte sie eine Tochter zur Welt. Das Mädchen hatte ebenholzschwarze Haare, blutrote Lippen und schneeweiße Haut, daher taufte die Königin sie Schneewittchen. Sie selbst aber starb kurz nach der Geburt.

Als ein Jahr vergangen war, heiratete der König wieder. Die neue Königin war eine wunderschöne Frau. Jeden Morgen trat sie vor ihren Spiegel, blickte sich selbst tief in die leuchtend grünen Augen und sagte:

»Spieglein, Spieglein an der Wand,
wer ist die Schönste im ganzen Land?«

Und jedes Mal erwiderte der Spiegel: »Meine Königin, die Schönste seid Ihr.«

Doch eines Tages, als Schneewittchen gerade sieben Jahre alt war, gab der Spiegel plötzlich eine andere Antwort:

»Meine Königin, Ihr seid die Schönste hier,
aber Schneewittchen ist tausendmal schöner als Ihr.«

Von da an hasste die Königin das arme Schneewittchen. Neid und Missgunst wucherten wie Unkraut in ihrem Herzen und ließen ihr keine Ruhe mehr. Schließlich rief sie die Jägerin herbei. »Geh mit dem Kind in den Wald und töte es«, befahl sie. »Schneide ihr das Herz heraus und bring es mir zum Beweis, dass sie nicht mehr am Leben ist.«

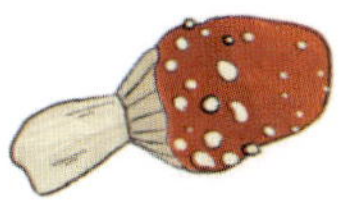

Die Jägerin holte Schneewittchen und ritt mit ihr tief in den Wald. Dort stieg sie ab und zückte ihr Messer. Schneewittchen begann zu weinen und flehte um ihr Leben. Aber das war nicht nötig; die Jägerin weinte ebenfalls.

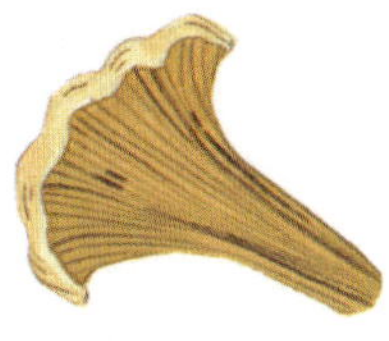

»Ich werde dir nichts tun«, versprach die Jägerin und nahm Schneewittchens Hand. »Ich kenne dich seit dem Tag deiner Geburt und ich liebe dich wie meine eigene Tochter.« Sie schloss Schneewittchen in die Arme. »Ich lasse dich hier im Wald zurück. Denk

daran, was ich dir über die Wildnis und ihre Kreaturen beigebracht habe. Pass auf dich auf, mein liebes Schneewittchen.«

Als die Jägerin zum Schloss zurückritt, lief ihr ein junges Wildschwein über den Weg. Sie erlegte es und brachte das Herz der Königin, um zu beweisen, dass Schneewittchen tot war. Die böse Königin ließ es würzen und kochen und aß es auf, weil sie glaubte, damit würde Schneewittchens Schönheit auf sie übergehen.

Unterdessen war Schneewittchen ganz allein im großen Wald. Ängstlich rannte sie immer tiefer in den Wald hinein. Sie huschte über spitze Steine, verhedderte sich in Dornenranken und stolperte über die Wurzeln der Bäume. Beim kleinsten Geräusch zuckte sie zusammen und fürchtete, dass es ein wildes Tier war, das sich jeden Moment auf sie stürzen würde. Sie rannte und rannte, so weit ihre Füße sie trugen, bis sie bei Anbruch der Dunkelheit an ein kleines Häuschen kam.

Sie klopfte an die Tür, doch niemand antwortete. Weil sie so müde war und schrecklich fror, trat sie trotzdem ein. Drinnen war alles merkwürdig klein und blitzblank geputzt. Auf einem Tisch lag eine frisch gewaschene Tischdecke und darauf standen sieben kleine Tellerchen. Zu jedem Tellerchen gehörte außerdem ein kleiner Löffel, ein kleines Messer, eine kleine Gabel und eine kleine Tasse. An der Rückwand waren sieben kleine Bettchen aufgereiht, die mit schneeweißen Laken bezogen waren.

Nach dem langen Tag hatte Schneewittchen großen Hunger und Durst. Sie aß von jedem Teller etwas Gemüse und Brot und nahm einen winzigen Schluck aus jeder Tasse. Dann legte sie sich in eines der Betten, merkte aber schnell, dass es nicht ganz die richtige Größe für sie hatte. Sie probierte die anderen aus, bis sie eins fand, das wie für sie gemacht schien. Sie sank hinein und war augenblicklich eingeschlafen.

Mitten in der Nacht kehrten sieben Zwerge von der Arbeit heim. Sie zündeten ihre Kerzen an und entdeckten im Schein der Flammen, dass jemand in ihrem Haus gewesen war.

»Wer hat auf meinem Stuhl gesessen?«, fragte der erste Zwerg.

»Wer hat von meinem Teller gegessen?«, fragte der zweite.

»Wer hat von meinem Brot abgebissen?«, wunderte sich der dritte.

»Wer hat von meinem Gemüse genascht?«, wollte der vierte wissen.

»Wer hat meine Gabel benutzt?«, empörte sich der fünfte.

»Wer hat mit meinem Messer geschnitten?«, rief der sechste.

»Wer hat aus meiner Tasse getrunken?«, fragte der siebte.

Suchend blickten sie sich um.

»Seht mal!«, rief der erste Zwerg. »Jemand hat in meinem Bett gelegen!«

Sie eilten zu ihren Betten und stellten fest, dass sie zerwühlt waren. Und der siebte Zwerg fand das schlummernde Schneewittchen in seinem Bett.

»Lassen wir sie schlafen«, flüsterte einer der Zwerge. Leise legten sie sich zur Ruhe und der siebte Zwerg durfte ein Stündchen bei jedem seiner Kameraden übernachten.

Als Schneewittchen am nächsten Morgen erwachte und die vielen fremden Gesichter sah, fürchtete sie sich. Doch die Zwerge waren so nett und freundlich zu ihr, dass sie schnell Vertrauen fasste und ihnen erzählte, was ihr widerfahren war. Die Zwerge waren entsetzt und boten ihr an, bei ihnen zu bleiben, wenn sie dafür im Haushalt und im Garten half, ihre Kleidung flickte, ihre Betten machte und das Abendessen für sie kochte.

Jeden Morgen, bevor sie sich auf den Weg in die Berge machten, wo sie in den Goldminen arbeiteten, warnten sie Schneewittchen davor, jemanden hereinzulassen, solange sie nicht zu Hause waren. »Hüte dich vor der Königin!«, sagten sie.

Unterdessen wandte sich die Königin wie gewohnt an ihren Spiegel. Überzeugt, dass sie nun wieder die schönste Frau weit und breit war, fragte sie:

»Spieglein, Spieglein an der Wand,
wer ist die Schönste im ganzen Land?«

Der Spiegel antwortete:
»Meine Königin, Ihr seid die Schönste hier,
aber Schneewittchen hinter den Bergen
bei den sieben Zwergen
ist noch tausendmal schöner als Ihr.«

Das Mädchen lebte noch! Die Königin war außer sich vor Wut und deshalb schmiedete sie einen Plan, wie sie Schneewittchen endgültig loswerden konnte.

Sie verkleidete sich als alte Frau, die von Haus zu Haus zog, um ihre Waren zu verkaufen. Dafür band sie sich ein Kopftuch um, hinter dem sie ihr Gesicht verbarg, und hinkte, auf einen knorrigen Stock gestützt, zum Haus der Zwerge. Dort klopfte sie an die Tür und rief: »Gutes und Schönes zum kleinen Preis!«

Schneewittchen blickte zum Fenster hinaus. »Was verkauft Ihr denn, gute Frau?«

»Bänder und Schleifen in allen Farben. Sieh her, sind sie nicht wunderschön?« Sie zog ein Band aus roter Seide hervor. »Wie wäre es damit?«

Schneewittchen erinnerte sich an die Warnung der Zwerge. Aber das ist doch bloß eine harmlose alte Frau, dachte sie. Was kann schon passieren, wenn ich ihr aufmache? Sie ging zur Tür und kaufte das hübsche rote Band.

»Ach, Kind, schau dich nur mal an!«, rief die Alte mit gespielter Bestürzung. »Wer hat dir denn das Mieder geschnürt? Na komm, so kannst du doch nicht herumlaufen!« Geschickt fädelte sie das rote Band um Schneewittchens Taille und schnürte es so fest zu, dass das Mädchen keine Luft mehr bekam und wie tot zu Boden sank. Die Königin lachte zufrieden. »Jetzt bin ich die Schönste im ganzen Land!«

Am Abend kehrten die sieben Zwerge nach Hause zurück. Sie erschraken, als sie Schneewittchen leblos daliegen sahen. Hastig durchschnitten sie das rote Band, woraufhin das Mädchen tief Luft holte und die Augen aufschlug.

»Wir haben dir doch gesagt, dass du niemanden reinlassen sollst!«, riefen die Zwerge, nachdem sie ihnen erzählt hatte, was passiert war. »Das war keine arme Alte, sondern die böse Königin, die sich verkleidet hat!«

In der Zwischenzeit war die Königin ins Schloss zurückgekehrt und eilte auf direktem Weg zu ihrem Spiegel.

»Spieglein, Spieglein an der Wand, wer ist die Schönste im ganzen Land?«

Wie zuvor antwortete der Spiegel:

»Meine Königin, Ihr seid die Schönste hier,
aber Schneewittchen hinter den Bergen
bei den sieben Zwergen
ist noch tausendmal schöner als Ihr.«

Der Königin blieb vor Schreck fast das Herz stehen. »Wie kann das sein?«, jammerte sie. Sie würde wohl noch gründlicher sein müssen. Mithilfe ihrer Hexenkräfte vergiftete sie einen Kamm. Dann verkleidete sie sich, sodass sie wie eine andere alte Frau aussah, und machte sich erneut auf den Weg zum Haus der sieben Zwerge.

»Bitte geht weiter«, rief Schneewittchen von drinnen, als die alte Frau anklopfte. »Ich darf niemanden hereinlassen.«

»Aber rausgucken kannst du doch sicher«, erwiderte die Alte.

Als Schneewittchen den glänzenden Kamm sah, der im Sonnenlicht funkelte, gefiel er ihr nur zu gut. Vorsichtig öffnete sie das Fenster gerade so weit, dass sie sich hinauslehnen konnte, um den Kamm zu kaufen.

»Komm, lass mich dir rasch die Haare kämmen«, bot die alte Frau an. Sobald der Kamm Schneewittchens Kopfhaut berührte, brach das Mädchen leblos zusammen.

»Nun bin ich dich endlich los!«, triumphierte die Königin.

Zum Glück war es schon fast Abend, und es dauerte nicht lange, bis die Zwerge von der Arbeit zurückkamen. Als sie Schneewittchen einmal mehr wie tot auf dem Boden fanden, fiel ihr Verdacht sofort auf die Königin. Im Nu hatten sie den vergifteten Kamm entdeckt, und als sie ihn aus Schneewittchens Haaren zogen, schlug das Mädchen die Augen auf und war so lebendig wie zuvor.

Zurück im Schloss stellte sich die Königin vor ihren Spiegel.

»Spieglein, Spieglein an der Wand,
wer ist die Schönste im ganzen Land?«

Und der Spiegel antwortete:

»Meine Königin, Ihr seid die Schönste hier,
aber Schneewittchen hinter den Bergen
bei den sieben Zwergen
ist noch tausendmal schöner als Ihr.«

Die Königin begann vor Wut zu beben. »Schneewittchen muss sterben!«, kreischte sie. »Und wenn es mich das Leben kostet!«

Sie zog sich in eine geheime Kammer im Schloss zurück, wo sie einen giftigen Apfel herstellte. Er duftete verführerisch und sah einfach zum Anbeißen aus: auf einer Seite leuchtend grün, auf der anderen appetitlich rot.

Die Königin verkleidete sich ein weiteres Mal und begab sich zum Häuschen der Zwerge. Diesmal antwortete Schneewittchen auf ihr Klopfen: »Ich darf niemanden reinlassen. Die Zwerge haben es mir streng verboten. Bitte geht!«

»Ist schon gut, mein liebes Mädchen. Wenn du nicht aufmachen kannst, verkaufe ich meine Äpfel eben woanders. Aber lass mich dir wenigstens einen schenken.«

»Nein!«, beharrte Schneewittchen. »Ich darf wirklich nichts annehmen!«

»Das verstehe ich«, antwortete die alte Frau sanft. »Aber mit diesem Apfel ist wirklich alles in Ordnung. Weißt du was, ich schneide ihn durch, und dann teilen wir ihn uns.« Sie aß die grüne Seite des Apfels und legte den Rest mit dem verlockenden roten Bäckchen aufs Fensterbrett. Natürlich hatte sie zuvor darauf geachtet, dass nur die rote Seite vergiftet war.

Schneewittchen konnte den Blick nicht von dem köstlichen Apfel auf dem Fensterbrett abwenden. Ihr Appetit wurde größer und größer, bis sie nicht länger widerstehen konnte. Sie öffnete das Fenster einen Spaltbreit, holte den Apfel herein und nahm einen kräftigen Bissen. Im nächsten Moment fiel sie tot um.

Die Königin, die das Ganze aus einem Versteck in der Nähe beobachtet hatte, war überglücklich. Sie eilte zurück ins Schloss und suchte umgehend ihren Spiegel auf.

»Spieglein, Spieglein an der Wand,
wer ist die Schönste im ganzen Land?«

Und der Spiegel antwortete:
»Meine Königin, die Schönste seid Ihr.«

»Endlich!«, rief sie. »Ich bin wieder die schönste Frau weit und breit!« Der Gedanke verlieh ihr Ruhe und Frieden, jedenfalls soweit dies ihr hasserfülltes, verbittertes Herz zuließ.

Als die sieben Zwerge an diesem Abend heimkehrten, fanden sie das arme Schneewittchen. Sie hoben sie hoch und suchten vergebens nach etwas Giftigem. Sie schnitten die Bänder an ihrem Mieder durch, aber auch das half nicht. Schneewittchen atmete nicht mehr und die Zwerge mussten schweren Herzens einsehen, dass es keine Hilfe mehr für sie gab.

Unter Tränen legten sie Schneewittchen in eines der Betten, setzten sich um sie herum und beweinten sie drei volle Tage und Nächte. Als die Zeit gekommen war, Schneewittchen zu beerdigen, brachten sie es nicht über sich. Sie sah noch genauso lebendig aus wie zuvor, mit lieblichen roten Wangen. Also ließen sie stattdessen einen gläsernen Sarg für sie anfertigen, damit ihre Schönheit der Welt erhalten blieb. Oben auf den Sarg schrieben sie in goldenen Lettern ihren Namen, sodass alle, die sie sahen, wussten, dass sie eine Königstochter war.

Sie stellten den Sarg auf einem kleinen Hügel inmitten einer herrlichen Blumenwiese auf, ganz in der Nähe ihres Häuschens. Jeden Tag wachte ein anderer Zwerg über das tote Schneewittchen. Und auch die wilden Tiere kamen, um Abschied zu nehmen. Singvögel flogen herbei und zwitscherten eine traurige Melodie, und als

es dunkel wurde, gesellten sich eine Eule und ein Rabe zu ihr. Wölfe heulten ihr Klagelied, und hin und wieder kam ein alter Fuchs und ließ sich eine Weile an ihrer Seite nieder.

So lag Schneewittchen lange Zeit in ihrem Sarg, ohne sich auch nur im Geringsten zu verändern. Ihre Haut war noch immer weiß wie Schnee, ihre Lippen waren rot wie Blut und ihr Haar war schwarz wie Ebenholz. Sie sah aus, als würde sie schlafen.

Eines Tages ritt ein Prinz durch den Wald und stieß dabei auf die herrliche Blumenwiese, auf der Schneewittchen in ihrem Sarg lag. Von ihrem Anblick wie verzaubert, bat er die Zwerge, ihm den Sarg zu überlassen. Er versprach, immer gut auf Schneewittchen achtzugeben, solange er lebte. Die Zwerge waren unschlüssig, doch nachdem sie einige Zeit mit ihm verbracht hatten, merkten sie, dass sie ihm vertrauen konnten.

Der Prinz rief seine Bediensteten herbei, die den Sarg für ihn forttragen sollten. Behutsam hoben sie ihn auf ihre Schultern, doch als sie losgehen wollten, stolperte einer von ihnen über eine Wurzel, und der Sarg machte einen plötzlichen Ruck. Dadurch löste sich der giftige Bissen aus Schneewittchens Kehle und flog ihr aus dem Mund.

Hustend schlug Schneewittchen die Augen auf, schob den gläsernen Deckel vom Sarg und setzte sich auf. Sie lebte! »Wo bin ich?«, fragte sie verwirrt.

Voller Freude antworteten die Zwerge: »Du bist zu Hause!«

Der Prinz stellte sich vor, und dann gingen sie gemeinsam ins Häuschen, wo sie bis spät in die Nacht beisammensaßen, aßen und sich unterhielten.

Schließlich sagte der Prinz zu Schneewittchen: »Ich wünsche mir nichts mehr auf der Welt, als dass du mich zum Schloss meines Vaters begleitest. Bleib, solange du willst; ich werde dich beschützen.«

Schneewittchen stimmte zu und mit der Zeit lernten die beiden einander so gut kennen, dass sie sich ineinander verliebten und beschlossen zu heiraten. Zur Hochzeit luden sie auch die böse Königin ein.

Als sie die Einladung erhielt, eilte sie schnurstracks zu ihrem Spiegel.
»Spieglein, Spieglein an der Wand,
wer ist die Schönste im ganzen Land?«

Darauf antwortete der Spiegel:
»Meine Königin, Ihr seid die Schönste hier,
aber Schneewittchen, die Braut des Prinzen aus den sieben Königreichen,
ist noch tausendmal schöner als Ihr.«

Als die Königin das hörte, wurde sie von einem solchen Hass erfasst, dass ihr Herz stehen blieb und sie tot zu Boden fiel.

Sterntaler

Es war einmal ein kleines Mädchen, das so arm war, dass sie kein Zuhause hatte – nicht mal ein Bett, in dem sie schlafen konnte. Ihre Eltern waren früh gestorben, und alles, was ihr von ihnen geblieben war, waren ihre Erinnerungen und ein gebrochenes Herz voller Liebe.

So zog sie in die Welt hinaus, mit nichts als einer Mütze auf dem Kopf, den Kleidern, die sie am Leib trug, und einem trockenen Stück Brot in der Tasche. Sie fühlte sich einsam, aber die Hoffnung auf eine bessere Zukunft gab ihr die Kraft, weiterzugehen.

Eines Tages begegnete sie einem alten Bettler, der sie fragte: »Hast du etwas zu essen? Ich habe solchen Hunger.«

Das Mädchen gab ihm ihr ganzes Brot. Sie war froh, dass sie ihm helfen konnte, obwohl sie selbst so wenig besaß.

Bald darauf traf sie ein kleines Kind, das jammerte: »Mein Kopf ist so kalt, ich glaube, ich erfriere.« Das Mädchen überlegte einen Moment. Dann nahm sie die Mütze ab und gab sie dem Kind.

Wieder etwas später begegnete sie einem zweiten Kind, das im kalten Abendwind bibberte. Sie schenkte ihm ihre Jacke.

Ein drittes Kind hatte kein Kleid, also streifte sie ihr eigenes Kleid ab und gab es ihm. Nun trug sie nur noch ihr Unterhemd.

Als es Nacht wurde, kam sie an einen großen Wald. Während sie dort nach einem wärmenden Unterschlupf suchte, traf sie ein weiteres Kind. Es hatte überhaupt keine Kleider an und zitterte vor Kälte. Das Mädchen hatte schreckliches Mitleid mit ihm. Weil es dunkel war und sie niemand sehen konnte, zog sie auch noch ihr Unterhemd aus und gab es dem Kind.

Wie sie so dastand und nichts mehr hatte, wanderte ihr Blick zum Nachthimmel hinauf.

Auf einmal fielen die Sterne vom Himmel herab und verwandelten sich in Münzen aus glänzendem Gold. Und obwohl sie ihr letztes Hemd hergegeben hatte, trug sie plötzlich ein neues, das war aus feinstem Leinen. Sie sammelte all die goldenen Münzen auf und war reich bis ans Ende ihres Lebens.

Rotkäppchen

Es war einmal ein kleines Mädchen, das von allen gemocht wurde. Sie war freundlich, ehrlich und konnte jeden zum Lachen bringen. Am allermeisten wurde sie jedoch von ihrer Großmutter geliebt. Die alte Frau hatte große Freude daran, ihre Enkelin mit selbst gemachten Geschenken zu überraschen, und das Mädchen hütete diese wie kostbare Schätze. Ihr Lieblingsgeschenk war ein wunderschönes Käppchen aus rotem Samt. Sie trug es so oft, dass sie bald von allen nur noch »Rotkäppchen« genannt wurde.

Eines Tages sagte Rotkäppchens Mutter: »Deine Großmutter liegt krank im Bett. Kannst du ihr etwas Kuchen und diese Flasche Wein bringen? Davon wird es ihr gleich besser gehen und wie wird sie sich freuen, dich zu sehen! « Und weil es das erste Mal war, dass Rotkäppchen ganz allein zum Haus der Großmutter ging, fügte ihre Mutter hinzu: »Pass auf, dass du nichts fallen lässt und nicht vom Weg abkommst.«

»Ich schaff das schon, keine Sorge!«, versprach Rotkäppchen, umarmte ihre Mutter und machte sich auf den Weg.

Rotkäppchens Großmutter wohnte im Wald, der das Dorf umgab. Rotkäppchen hatte den Wald kaum betreten, als vor ihr auf dem Pfad ein Wolf erschien. Sie war noch nie zuvor einem Wolf begegnet und wusste nicht, dass sie vor ihm auf der Hut sein musste.

»Guten Tag!«, sagte der Wolf und Rotkäppchen erwiderte höflich: »Danke, gleichfalls!«

Sie wollte weitergehen, doch der Wolf rührte sich nicht von der Stelle. »Wohin des Weges an diesem schönen Tag?«, fragte er und kam näher. »Was hast du denn da in deinem Korb?«

Das Mädchen wich einen Schritt zurück und antwortete hastig: »Ich will meine kranke Großmutter besuchen und ihr etwas zu essen und zu trinken bringen.«

»Wie lieb von dir.« Der Wolf lächelte, aber es war kein warmes Lächeln. »Und wo wohnt deine Großmutter?«

Das wollte Rotkäppchen ihm eigentlich lieber nicht sagen. Sie blickte sich um, doch es war niemand zu sehen. Und weil sie nicht wusste, was sie sonst tun sollte, verriet sie es ihm.

Diesmal machte der Wolf ihr Platz. Rotkäppchen lief eilig weiter, die Augen fest auf den Weg vor ihr gerichtet. Doch der Wolf trottete unbeirrt neben ihr her. Langsam wurde der Kleinen mulmig zumute.

Der Wolf musterte Rotkäppchen hungrig und dachte: Das junge Ding wird sicher tausendmal saftiger schmecken als ihre alte zähe Großmutter. Aber zwei Happen sind besser als einer! Nun ist deine List gefragt, Wolf … denk dir etwas aus!

»Was machst du für eine finstere Miene? Schau doch nur, wie schön die Sonne scheint!«, sagte der Wolf. »Und ist dies nicht ein herrlicher Wald? Dort drüben wachsen wunderschöne Blumen! Siehst du? Wie wär's, wenn du welche für deine Großmutter pflückst?«

Widerstrebend hob Rotkäppchen den Kopf. Wie eine leuchtend bunte Decke umhüllte der Blütenteppich die dunklen Baumstämme. Rotkäppchen fühlte sich wie magisch von diesem Meer aus Blüten angezogen. Schon bald hatte sie den Pfad hinter sich gelassen und pflückte eine Blume nach der anderen, um ihre Großmutter mit einem wunderschönen Strauß eine Freude zu machen. Als sie sich umblickte, stellte sie fest, dass der seltsame Wolf ihr nicht gefolgt war. Von Weitem nickte er ihr zum Abschied zu und verschwand.

Doch das mulmige Gefühl blieb. Gedankenverloren pflückte Rotkäppchen weiter und lief immer tiefer in den Wald .

Unterdessen eilte der Wolf schnurstracks zum Haus ihrer Großmutter. Dort angekommen, klopfte er an die Tür.

»Wer ist da?«, fragte die alte Frau. Der Wolf verstellte seine Stimme, so gut er konnte, und antwortete: »Rotkäppchen!«

»Komm herein, mein Schatz!«, rief die Großmutter. »Die Tür ist offen. Ich bin zu krank, um aufzustehen.«

Der Wolf grinste. Er stieß die Tür auf und stürzte sich auf das Bett, wo er die Großmutter mit Haut und Haaren verschlang. Schnell schlüpfte er in ihr Nachthemd und setzte ihre Schlafhaube auf. Dann zog er die Vorhänge zu, legte sich ins Bett und wartete auf Rotkäppchen ...

Als Rotkäppchen so viele Blumen gepflückt hatte, dass sie sie kaum noch tragen konnte, fiel ihr plötzlich ihre Großmutter wieder ein. Eilig machte sie sich auf den Weg.

Doch als sie ankam, stand die Tür des Häuschens sperrangelweit offen und das mulmige Gefühl von vorher verwandelte sich in Angst. Irgendetwas stimmte hier nicht. Das Haus, in dem sie immer so gern zu Besuch war, wirkte kalt und unheimlich.

»Hallo?«, rief sie, aber niemand antwortete. Alles in ihr drängte sie, umzukehren und davonzulaufen, doch dafür liebte sie ihre Großmutter zu sehr. Sie musste wissen, ob es ihr gutging. Tapfer ging Rotkäppchen zum Bett und zog die Vorhänge zurück. Dort fand sie ihre Großmutter, die Schlafhaube tief ins Gesicht gezogen. Doch irgendetwas an ihr war seltsam.

»Großmutter, was hast du für große Ohren!«, rief Rotkäppchen.

»Damit ich dich besser hören kann!«

»Großmutter, was hast du für große Augen!«, rief Rotkäppchen.

»Damit ich dich besser sehen kann!«,

»Großmutter, was hast du für große Zähne«, keuchte Rotkäppchen entsetzt.

»Damit ich dich besser fressen kann!«, knurrte der Wolf und stürzte sich auf Rotkäppchen. Er lachte böse, riss das Maul auf und wollte Rotkäppchen mit einem Happs verschlingen …

… als plötzlich noch jemand ins Zimmer kam. Es war die Försterin. Sie war gerade zufällig am Häuschen vorbeigelaufen und hatte die lauten Stimmen gehört. Heimlich hatte sie durchs Fenster geblickt und dabei Rotkäppchen und den großen bösen Wolf entdeckt. Daraufhin war sie auf leisen Sohlen zur Tür hereingeschlichen und stand nun mit geladenem Gewehr vor ihnen.

»Da bist du ja!«, sagte sie, während sie auf den Wolf zielte. »Ich bin schon lange hinter dir her, Wolf. Lass das Mädchen los. Sie bekommst du nicht!«

Die Augen des Wolfs blitzten vor Wut, als er das grässliche Maul langsam zuklappte und Rotkäppchen widerwillig losließ.

Sie rannte zur Försterin und brachte sich hinter ihr in Sicherheit. »Ich glaube, er hat meine Großmutter gefressen!«, schluchzte sie.

Die Försterin betäubte den Wolf mit einem gezielten Schlag und schleifte ihn nach draußen, wo sie ihm beherzt den Bauch aufschnitt. Erschüttert, aber unversehrt, kletterte Rotkäppchens Großmutter heraus.

Das kleine Mädchen und die alte Frau umarmten sich glücklich, während die Försterin dem Wolf den Bauch zunähte. »Früher«, warnte die Försterin, als der Wolf kurz darauf erwachte, »hätte man dir den Bauch mit Steinen gefüllt, sodass du elendig zugrunde gegangen wärst. Aber ich kenne einen passenden Ort für große, böse Wölfe, und da bringe ich dich jetzt hin.«

Nachdem sie sich von Rotkäppchen verabschiedet hatte, ging die Großmutter zurück ins Haus und verriegelte die Tür hinter sich. Sie aß den Kuchen, trank ein Glas Wein und fühlte sich gleich besser.

Währenddessen führte die Försterin mit dem Gewehr in der Hand den Wolf ins Dorf und Rotkäppchen ritt den ganzen Weg über auf seinem Rücken. Sie sprang nur hier und da vom Rücken des Wolfs, um Pilze für ihre liebe Mutter zu sammeln, die zu Hause auf sie wartete. Und wie sie darüber nachdachte, was sie erlebt hatte, beschloss sie, das nächste Mal vorsichtiger zu sein, wenn sie allein in den Wald ging.

Dann sah sie den Wolf direkt an und fragte: »Es gibt doch bestimmt jemanden, den du lieb hast, oder?« Obwohl er nicht antwortete, fuhr sie fort: »Würdest du wollen, dass er oder sie gefressen wird?«

Der Wolf ließ betroffen den Kopf hängen. Er dachte an all die, die er lieb hatte. Nein, er wollte auf keinen Fall, dass sie gefressen wurden. Er trottete schweigend in die Richtung, die ihm die Försterin wies, und spürte ein seltsames Ziehen im Bauch. Das lag an den Nähten, aber nicht nur. Denn wenn er ehrlich war, hatte er eine ziemliche Angst vor dem Ort für große, böse Wölfe.

Der gestiefelte Kater

Es war einmal ein Müller, der hatte drei Söhne. Sein einziger Besitz waren die Mühle, ein Esel und ein Kater. Als er starb, erbte der älteste Sohn die Mühle, der mittlere den Esel und für den jüngsten blieb nur der alte Kater.

Die beiden älteren Brüder konnten ihr Erbe für die Arbeit nutzen, doch der jüngste war ratlos und traurig über seinen mickrigen Anteil. »Ach Kater, was soll ich nur mit dir machen?«, seufzte er. »Ich hab noch nicht einmal genug, um dich durchzufüttern. Am besten lasse ich mir ein Paar Pelzhandschuhe aus deinem Fell machen, dann habe ich meine Ruhe.«

»Tu das nicht!«, rief der Kater, der jedes Wort verstanden hatte. »Ich kann dir helfen, aber nicht, wenn du mir das Fell abziehst, um Handschuhe daraus zu machen! Besorg mir lieber ein Paar Stiefel und einen Sack, dann kommen wir schon zurecht.«

Der Müllerssohn erschrak, als er den Kater sprechen hörte, aber weil er sowieso nichts mehr zu verlieren hatte, tat er, worum der Kater ihn gebeten hatte.

Als der Kater seine Stiefel bekam, zog er sie an und stand auf, sodass er wie ein Mensch auf zwei Beinen ging. Er füllte den Sack mit Getreidekörnern und band ihn mit einem Stück Schnur zu. Dann warf er ihn sich über die Schulter und marschierte zur Tür hinaus.

Zu jener Zeit herrschte ein König über das Land, der für sein Leben gern Rebhühner aß. Doch es wurde immer schwieriger, sein Lieblingsessen zu fangen. Zwar waren die Wälder voll davon, doch die Tiere waren so scheu geworden, dass es den Jägern kaum gelang, eines zu fangen. Das wusste der gestiefelte Kater und hatte sich einen einfachen, aber genialen Plan überlegt. Er ging in den Wald, öffnete den Sack und streute eine Spur aus Getreidekörnern auf den Boden, an deren Ende er den offenen Sack legte. Dann versteckte er die Schnur im hohen Gras, nahm das Ende fest in seine Pfote und legte sich hinter einem Busch auf die Lauer.

Schon nach kurzer Zeit entdeckte das erste Rebhuhn die Getreidekörner. Es fing an, sie aufzupicken, und spazierte so geradewegs in den Sack. Bald folgte ein zweites und dann noch eins und noch eins, bis eine beträchtliche Anzahl zusammengekommen war. Da zog der gestiefelte Kater die Schnur zu, sodass sie im Sack gefangen waren. Er warf sich den Sack über die Schulter und ging damit geradewegs zum Königspalast.

Als er dort ankam, rief der Wachmann: »Halt! Wo willst du hin?«

»Zum König!«, antwortete der Kater.

»So ein Unsinn. Was soll ein Kater denn beim König?«

»Ach, lass ihn doch«, wandte ein zweiter Wachmann ein. »Dem König ist oft

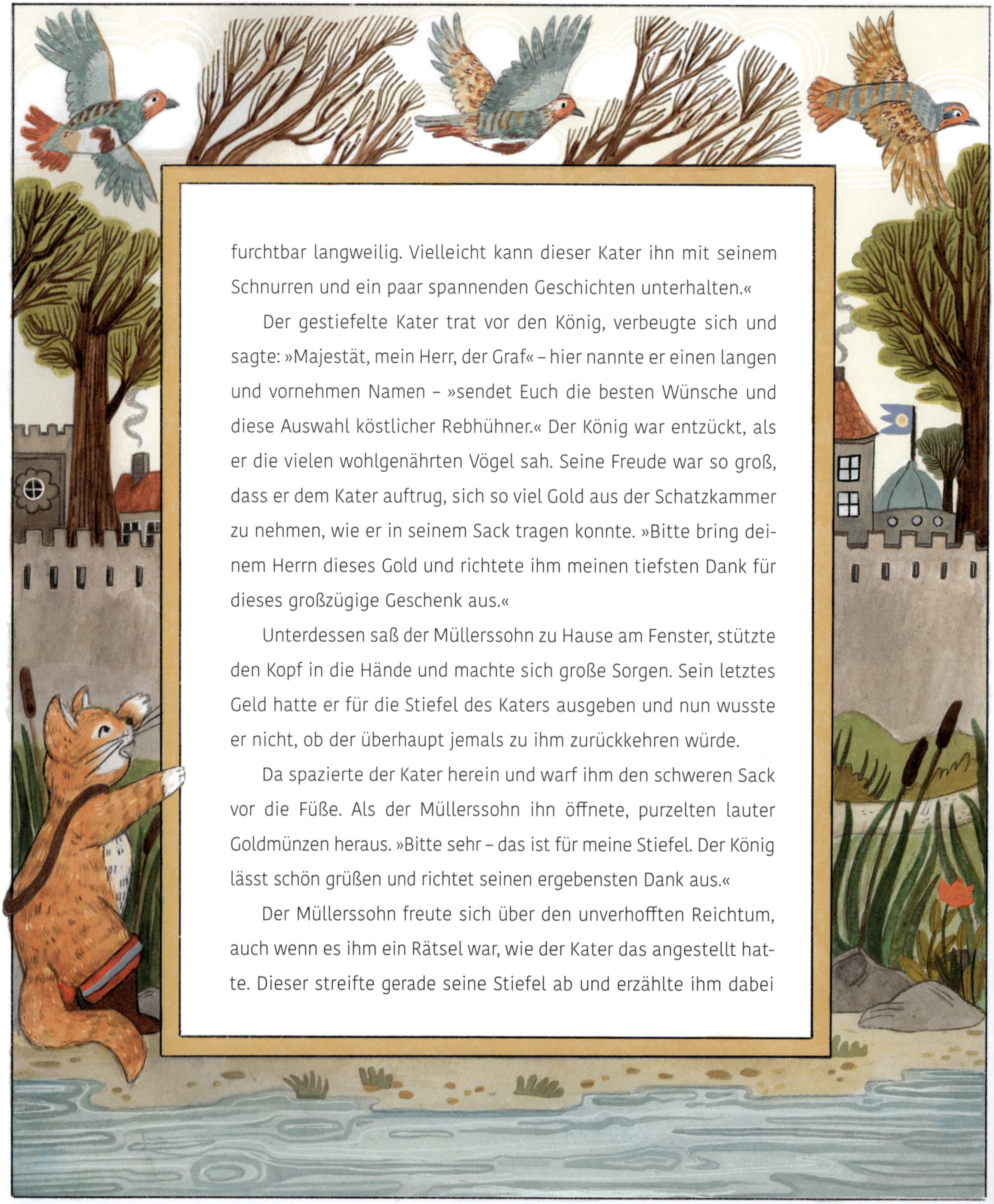

furchtbar langweilig. Vielleicht kann dieser Kater ihn mit seinem Schnurren und ein paar spannenden Geschichten unterhalten.«

Der gestiefelte Kater trat vor den König, verbeugte sich und sagte: »Majestät, mein Herr, der Graf« – hier nannte er einen langen und vornehmen Namen – »sendet Euch die besten Wünsche und diese Auswahl köstlicher Rebhühner.« Der König war entzückt, als er die vielen wohlgenährten Vögel sah. Seine Freude war so groß, dass er dem Kater auftrug, sich so viel Gold aus der Schatzkammer zu nehmen, wie er in seinem Sack tragen konnte. »Bitte bring deinem Herrn dieses Gold und richtete ihm meinen tiefsten Dank für dieses großzügige Geschenk aus.«

Unterdessen saß der Müllerssohn zu Hause am Fenster, stützte den Kopf in die Hände und machte sich große Sorgen. Sein letztes Geld hatte er für die Stiefel des Katers ausgeben und nun wusste er nicht, ob der überhaupt jemals zu ihm zurückkehren würde.

Da spazierte der Kater herein und warf ihm den schweren Sack vor die Füße. Als der Müllerssohn ihn öffnete, purzelten lauter Goldmünzen heraus. »Bitte sehr – das ist für meine Stiefel. Der König lässt schön grüßen und richtet seinen ergebensten Dank aus.«

Der Müllerssohn freute sich über den unverhofften Reichtum, auch wenn es ihm ein Rätsel war, wie der Kater das angestellt hatte. Dieser streifte gerade seine Stiefel ab und erzählte ihm dabei haarklein die ganze Geschichte. Als er fertig war, sagte er: »Jetzt hast du genügend Geld ... aber wir wollen mehr! Morgen ziehe ich meine Stiefel wieder an und mache dich noch reicher. Ach ja, ich habe dem König übrigens weisgemacht, dass du ein Graf bist.«

Am nächsten Tag machte sich der Kater – wie versprochen – wieder auf die Jagd und brachte dem König eine große Menge saftiger Rebhühner.

Auch diesmal wurde er wieder reich entlohnt. So ging es eine ganze Weile, bis der Kater überall im Palast bekannt und beliebt war und kommen und gehen konnte, wie er wollte.

Eines Tages lag der Kater an seinem Lieblingsplatz vor dem Feuer in der Palastküche, als der Kutscher hereinstürmte: »Zum Teufel mit dem König und der Prinzessin! Ich wollte den Nachmittag gemütlich im Wirtshaus verbringen, Karten spielen und dabei ein paar Bierchen trinken, aber jetzt möchten die feinen Herrschaften unten am See spazieren gehen und ich soll sie dorthin fahren!«

Der Kater rannte umgehend nach Hause zum Müllerssohn. »Schnell!«, drängte er. »Wenn du noch reicher werden willst, als du schon bist, lauf runter zum See und geh darin schwimmen. Los!«

Der Müllerssohn war verwirrt, aber er vertraute seinem schlauen Kater und machte sich sofort auf den Weg. Am See angekommen, zog er sich splitterfasernackt aus und sprang ins Wasser.

Der listige Kater schnappte sich die abgelegten Kleider und versteckte sie. Kaum war er damit fertig, näherte sich auch schon die Kutsche des Königs. Der gestiefelte Kater begann, laut zu jammern und zu klagen. »Ach, gnädigster König!«, miaute er elend. »Mein Herr wollte ein Bad im See nehmen, da ist ein gemeiner Dieb herbeigeschlichen und hat all seine Kleider gestohlen. Was sollen wir nur tun? Herauskommen kann er so nicht, aber wenn er noch länger im Wasser bleibt, erfriert er!«

Als der König das hörte, befahl er dem Kutscher, auf der Stelle anzuhalten, und schickte einen seiner Diener zum Schloss zurück, um frische Kleider zu holen, die einem Grafen angemessen waren. Der Müllerssohn nahm die prächtigen Gewänder dankend an und schlüpfte hinein.

Weil der König sich so sehr freute, den vermeintlichen Grafen endlich kennenzulernen, der ihm die vielen köstlichen Rebhühner geschickt hatte, lud er ihn zu sich in die Kutsche ein. Die Prinzessin hatte nichts dagegen, denn der Graf war jung und gut aussehend und gefiel ihr ausgesprochen gut.

In der Zwischenzeit lief der Kater voraus und kam bald zu einer Wiese, wo mehr als hundert Menschen gerade Heu machten. »Wem gehört diese Wiese, ihr lieben Leute?«, fragte er.

»Dem großen Zauberer«, antworteten sie.

»Hört mir gut zu! Gleich fährt der König hier vorbei und wenn er fragt, wem diese Wiese gehört, sagt ihr: ›Dem Grafen‹, sonst müsst ihr alle sterben.«

Der Kater eilte weiter. Wenig später kam er an ein Weizenfeld, das so groß war, dass man nicht erkennen konnte, wo es aufhörte. Mindestens zweihundert Menschen liefen darauf herum und ernteten das Getreide. »Wem gehört dieses Feld, ihr lieben Leute?«

»Dem Zauberer!«, riefen die Menschen.

»Hört mir gut zu. Bald fährt der König in seiner Kutsche hier vorbei. Wenn er fragt, wem all der Weizen gehört, sagt ihr: ›Dem Grafen‹, sonst müsst ihr alle sterben.«

Zu guter Letzt kam der gestiefelte Kater an einen prachtvollen Wald, in dem mehr als dreihundert Menschen damit beschäftigt waren, die hohen Eichen zu fällen und zu Feuerholz zu verarbeiten. »Wem gehört denn dieser Wald?«, rief der Kater.

»Dem Zauberer.«

»Hört mir gut zu! Demnächst kommt der König hier vorbei. Sagt ihm, dass dieser wunderbare Wald dem Grafen gehört. Wenn nicht, seid ihr bald alle des Todes.«

Während der Kater weiterlief, blickten ihm die Leute neugierig hinterher. Weil sie aber noch nie einen Kater gesehen hatten, der Stiefel trug und wie ein Mensch auf zwei Beinen ging, glaubten sie, dass er verzaubert und gefährlich war, und beschlossen, lieber zu tun, was er sagte.

Schließlich kam der Kater zum Schloss des Zauberers. Er ging hinein und marschierte geradewegs auf den Zauberer zu.

Dieser musterte ihn verächtlich und fragte, was er von ihm wollte. Der gestiefelte Kater verbeugte sich tief und sagte: »Ich habe gehört, dass Ihr Euch in jedes Tier verwandeln könnt, das es gibt. Bei einem Hund, einem Fuchs oder sogar einem Wolf kann ich mir das auch vorstellen. Aber ein riesiger Elefant? Das erscheint mir ganz und gar unmöglich. Darum bin ich gekommen, um mich mit eigenen Augen davon zu überzeugen.«

Der Zauberer plusterte sich auf und sagte stolz: »Das ist für mich doch eine Kleinigkeit.« Augenblicklich verwandelte er sich in einen Elefanten.

»Fantastisch!«, rief der gestiefelte Kater. »Was ist mit einem Löwen?«

»Kinderspiel!«, verkündete der Zauberer und stand im nächsten Moment als Löwe vor ihm.

Der gestiefelte Kater tat erschrocken und rief: »Unglaublich! Das hätte ich niemals für möglich gehalten! Aber – und ich bitte vielmals um Verzeihung, falls ich mich täuschen sollte – ein so mächtiger Zauberer wie Ihr kann sich doch bestimmt nicht in ein klitzekleines Tier verwandeln, oder? Zum Beispiel eine Maus?«

Der Zauberer fühlte sich geschmeichelt und antwortete ganz freundlich: »Mein lieber Kater,

natürlich kann ich auch das!« Im nächsten Moment flitzte er als winzige Maus im Zimmer herum. Da stürzte sich der gestiefelte Kater auf ihn und verschlang ihn mit einem Happs.

Währenddessen kamen der König, die Prinzessin und der vermeintliche Graf zu der großen Wiese. »Wem gehört denn all dieses Heu?«, erkundigte sich der König.

»Dem Grafen«, riefen die Menschen auf der Wiese, genau wie der gestiefelte Kater es ihnen aufgetragen hatte.

»Da habt Ihr wirklich ein ganz vorzügliches Stück Land«, sagte der König zum Müllerssohn.

Bald darauf fuhren sie an dem riesigen Weizenfeld vorbei. »Wem gehört dieses endlose Feld voll Ähren?«, fragte der König.

»Dem Grafen«, antworteten die Menschen im Chor.

»Sieh an! Was für große und wunderschöne Ländereien Ihr habt, Graf.«

Dann kamen sie zum Wald. »Wem gehört denn all das Holz, ihr lieben Leute?«, fragte der König.

»Dem Grafen«, lautete die Antwort.

Der König war beeindruckt. »Ihr müsst wahrlich ein reicher Mann sein, Graf. Ich glaube, nicht mal ich besitze einen so hervorragenden Wald.«

Schließlich erreichten sie das Schloss des Zauberers. Der gestiefelte Kater wartete bereits an der großen Prachttreppe und als die Kutsche hielt, eilte er herbei und öffnete die Tür. »Majestät, willkommen im Schloss meines Herrn, des Grafen. Euer Besuch ist eine große Ehre und wird ihn für den Rest seines Lebens glücklich machen.«

Staunend betrachtete der König das prunkvolle Schloss, das fast größer und schöner als sein eigenes war. Der Graf führte den König und die Prinzessin in den großen Saal, der vor Gold und Juwelen glänzte. Feinste Teppiche zierten die Wände und alles darin und daran verhieß eine rosige Zukunft.

Noch am selben Tag stimmte der König einer Verlobung seiner Tochter mit dem Grafen zu. Die Hochzeit war ein rauschendes Fest, und als der König starb, wurde der Graf der neue König und der gestiefelte Kater sein erster Minister.

Der süsse Brei

Es war einmal ein liebes und braves Mädchen, das lebte ganz allein mit seiner Mutter. Die beiden waren so schrecklich arm, dass sie oft nicht einmal genug zu essen hatten. Dann ging das Mädchen hinaus in den Wald, um dort nach etwas Essbarem zu suchen.

Eines Tages begegnete sie dabei einer alten Frau, die bereits auf sie zu warten schien. Die Frau wusste von den Sorgen und Nöten der beiden und schenkte dem Mädchen einen Topf, der einen köstlichen süßen Brei kochte, wenn man ihm befahl: »Töpfchen, koch!« Sobald man satt war, musste man einfach nur sagen: »Töpfchen, genug!«, und er hörte auf.

Das Mädchen nahm den Topf sofort mit nach Hause. Ihre Mutter, die kurz vor dem Verhungern war, konnte ihr Glück kaum fassen. Von nun an hatten sie immer reichlich zu essen und mussten nie wieder Hunger und Not leiden. Einmal, als das Mädchen ausgegangen war, bekam die Mutter Appetit auf den süßen Brei. Sie sagte: »Töpfchen, koch!«, und der Topf kochte so viel Brei, bis sie satt und glücklich war. Doch als sie ihm befehlen wollte, aufzuhören, fielen ihr die richtigen Worte nicht mehr ein.

Der Topf kochte weiter und immer weiter, bis der Brei über den Rand quoll. Bald war die ganze Küche voll und wenig später auch der Rest des Hauses. Aber damit war noch lange nicht Schluss. Der Brei quoll weiter bis ins Nachbarhaus und füllte nach und nach die gesamte Straße. Es schien, als wollte der Topf die ganze Welt satt machen!

Zu guter Letzt, als nur noch ein Haus übrig war, kam das Mädchen zurück. Sie sagte: »Töpfchen, genug«, und sofort hörte der Topf auf zu kochen. Wer aber wieder in die Stadt wollte, musste sich erst durch den Brei essen.

Der Froschkönig

Es war einmal eine Prinzessin, die saß am liebsten den ganzen Tag lang mitten im Wald am Ufer eines Teichs. Der Teich lag verborgen unter hohen Lindenbäumen und war ihr ganz persönliches Geheimversteck. Hier spielte sie mit einer goldenen Kugel, die ihr Vater, der König, ihr von einer seiner weiten Reisen mitgebracht hatte. Diese Kugel war einzigartig und unersetzlich und für sie das schönste Spielzeug auf der ganzen Welt. Es bereitete ihr große Freude, sie hochzuwerfen und wieder aufzufangen. Mit jedem Mal warf sie die Kugel ein wenig höher und sah zu, wie sie in der heißen Mittagssonne glitzerte und funkelte , bevor sie wieder herabfiel und die Prinzessin sie mit einer Hand auffing.

Eines Tages jedoch warf die Prinzessin die Kugel so hoch, dass sie gegen die Äste der alten Linde prallte und schwerfällig zu Boden plumpste. Ehe die Prinzessin danach greifen konnte, rollte die Kugel zum Rand des Teichs und fiel mit einem lauten Platschen ins Wasser. Hilflos musste die Prinzessin mit ansehen, wie die Kugel in den dunklen Tiefen versank. Sie hatte ihr liebstes Spielzeug verloren!

Die Prinzessin fing an, bitterlich zu weinen. Warum hatte sie nicht besser achtgegeben? »Ach, wenn ich meine Kugel doch nur zurückbekommen könnte«, schluchzte sie. Ihre Tränen tropften ins Wasser und erzeugten kleine Wellenringe auf der Oberfläche. »Ich würde alles dafür geben.«

Plötzlich fragte eine quakende Stimme: »Was ist denn los, Prinzessin? Wenn du so weiterweinst, fließt bald der Teich über!«

Überrascht schaute die Prinzessin auf, konnte aber niemanden entdecken. Woher war die Stimme gekommen? Dann fiel ihr Blick auf einen Frosch, der seinen hässlichen grünen Kopf aus dem trüben Wasser reckte. Er wartete offenbar auf ihre Antwort.

Die Prinzessin erklärte ihm, was passiert war, und der Frosch hörte aufmerksam zu.

»Kein Grund zu weinen«, quakte er. »Ich kann dir helfen! Was gibst du mir dafür, wenn ich dir deine goldene Kugel wiederbringe?«

»Alles, was du willst!«, versicherte die Prinzessin. »Ich möchte nur mein geliebtes Spielzeug zurück. Du kannst meine Kleider haben, meine Perlen, meine kostbaren Edelsteine. Sogar die goldene Krone auf meinem Kopf.«

»Damit kann ich nichts anfangen«, erwiderte der Frosch. »Ich möchte lieber dein Freund sein. Lass mich an deinem Tisch sitzen und von deinem goldenen Teller essen, aus deinem goldenen Becher trinken und in deinem Zimmer schlafen. Wenn du mir das versprichst, hole ich deine goldene Kugel sofort herauf.«

Die Prinzessin hörte nur mit halbem Ohr zu. Ihre Gedanken kreisten allein darum, ihre goldene Kugel zurückzubekommen. Und so beteuerte sie hastig: »Ja, was immer du möchtest! Ich verspreche dir alles!« Insgeheim dachte sie jedoch: Es ist egal, was ich ihm verspreche. Dieser seltsame kleine Frosch kann sowieso nicht aus diesem Tümpel fort …

Der Frosch hatte kaum ihr »Ja« gehört, da tauchte er bereits unter und verschwand. Kurze Zeit später kehrte er mit der goldenen Kugel im Maul zurück und legte sie behutsam am Ufer ab.

Als die Prinzessin ihr geliebtes Spielzeug sah, sprang sie freudig auf, schnappte es sich und rannte damit nach Hause.

Der Frosch rief ihr nach: »Warte, warte! Prinzessin! Du hast versprochen, mich mitzunehmen. Du hast es versprochen!« Doch sosehr er auch bettelte und flehte, die Prinzessin hörte ihm schon nicht mehr zu.

Am nächsten Tag saß die Prinzessin mit ihrem Vater und dem gesamten Hofstaat im großen Saal beim Abendessen. Sie wollte gerade einen Bissen von ihrem goldenen Teller nehmen, als sie hörte, wie etwas plitsch, platsch, plitsch, platsch die Marmortreppe heraufkam. Dann verstummte das Geräusch und jemand klopfte ans Palasttor. »Prinzessin, mach auf!«

Die Prinzessin erstarrte, als sie die quäkende Stimme erkannte. Sie hatte die ganze Zeit versucht, nicht an das Versprechen zu denken, das sie dem Frosch gegeben hatte. Am liebsten wollte sie das hässliche Wesen nie wiedersehen.

Der König sah, wie sehr ihr das Herz klopfte, und fragte: »Was ist los, mein Kind? Nun mach schon auf. Oder hast du etwa Angst, dass dort ein Riese steht und dich holen kommt?«

»Oh, Vater«, antwortete sie verzweifelt. »Es ist nur ein widerlicher kleiner Frosch. Gestern ist mir meine goldene Kugel versehentlich in den Teich im Wald gefallen. Der Frosch hat sie mir zurückgebracht und ich habe ihm dafür versprochen, dass er mit mir befreundet sein kann und hier bei uns im Schloss leben darf. Ich hätte nie gedacht, dass dieses schleimige kleine Wesen aus dem Wasser kommen und mich finden würde. Aber nun sitzt er vor der Tür und verlangt, dass ich ihm aufmache.«

Der Frosch klopfte erneut an und rief:

»Königstochter, öffne mir,
ich sitze draußen vor der Tür!
Für meine Hilfe gabst du mir gestern dein Versprechen,
heute bin ich hergehüpft, willst du es nun brechen?
Königstochter, öffne mir,
ich sitze draußen vor der Tür!«

Der König sah seine Tochter mit strenger Miene an. »Was man verspricht, muss man auch halten. Nun geh und mach dem Frosch auf.«

Widerwillig gehorchte die Prinzessin und öffnete die Tür. Staunend beobachtete der gesamte Hofstaat, wie der Frosch hereinhopste und ihr Schritt für Schritt bis zu ihrem Stuhl folgte. Als die Prinzessin wieder Platz genommen hatte, rief der Frosch vom Boden: »Heb mich auf den Stuhl neben dir.«

Sie ignorierte ihn, bis ihr Vater sie erneut ermahnte. Als der Frosch neben ihr saß, verlangte er: »Jetzt schieb deinen goldenen Teller zu mir herüber, damit wir gemeinsam davon essen können.«

Der Prinzessin war der Gedanke zuwider, ihre Speisen mit diesem scheußlichen kleinen Wesen zu teilen, aber sie schob ihm ihren Teller trotzdem hin.

Der Frosch hatte kaum aufgegessen, da sah er die Prinzessin an und verkündete: »Das war eine köstliche Mahlzeit. Ich bin pappsatt und müde und würde jetzt gern zu Bett gehen. Bring mich in dein Zimmer, damit ich mich hinlegen kann.«

Die Prinzessin fing an zu weinen. Sie fürchtete sich vor dem kalten ekligen Frosch und wollte ich nicht mal anfassen, geschweige denn ihr wunderschönes, sauberes Bett mit ihm teilen.

Der König hatte langsam genug. »Dieser Frosch hat dir geholfen, als du in Not warst. Dafür schuldest du ihm etwas. Nun tu gefälligst, worum er dich bittet!«

Die Prinzessin wusste, dass es zwecklos war, ihrem Vater zu widersprechen. Voller Ekel nahm sie den Frosch zwischen Daumen und Zeigefinger und trug ihn hinauf in ihr Zimmer.

Sie knallte die Tür hinter sich zu und schleuderte den Frosch mit aller Kraft gegen die Wand.

»Jetzt lässt du mich wohl endlich in Ruhe, du abscheuliches Vieh!«, schrie sie wütend.

Der Aufprall tötete den kleinen Frosch jedoch nicht, sondern verwandelte ihn zurück in einen Prinzen. Er plumpste zu Boden und

blickte sie mit freundlichen Augen an, während er sich den schmerzenden Schädel rieb.

Erschrocken hockte sich die Prinzessin neben ihn. »Ich verstehe das nicht!«, rief sie. »Du bist ein Mensch! Bist du verletzt? Es tut mir wirklich leid, ich …«

Der Prinz lächelte. »Einen hässlichen kleinen Frosch gegen die Wand zu werfen ist nicht gerade nett, aber ich kann verstehen, warum du es getan hast. Es gibt bestimmt nicht viele Frösche, die dir aus dem Wald bis nach Hause folgen und verlangen, in deinem Zimmer zu schlafen. Lass mich dir erzählen, wie es dazu gekommen ist.«

Er erklärte ihr, dass er von einer bösen Hexe verzaubert worden war und sie, die Prinzessin, die Einzige war, die ihn davon erlösen konnte. Sie unterhielten sich die ganze Nacht und stellten fest, dass sie einander eigentlich recht gern mochten.

Bei Sonnenaufgang verabschiedeten sie sich als Freunde voneinander. Gerade als der Prinz sich zum Gehen wandte, hielt eine prächtige Kutsche vor dem Schloss. Sie wurde von acht stolzen Pferden gezogen, die weiße Federn auf dem Kopf und ein goldenes Geschirr trugen. Gelenkt wurde die Kutsche von Heinrich, dem treuen Diener des jungen Prinzen.

Als dieser erfahren hatte, dass sein Herr in einen Frosch verwandelt worden war, hatte er drei Eisenbänder um sein Herz legen lassen, damit es nicht vor Traurigkeit in tausend Stücke zersprang.

Der Prinz nahm im Inneren der Kutsche Platz und Heinrich stieg hinten auf und ergriff die Zügel. Sie winkten der Prinzessin zum Abschied und brachen auf.

Als sie ein Stück gefahren waren, hörte der Prinz hinter sich plötzlich einen lauten Knall. Beunruhigt drehte er sich um und rief: »Heinrich, ich fürchte, der Wagen bricht!«

»Nein, mein Herr, der Wagen nicht.
Es war ein Band von meinem Herzen,
das ich dort trug vor Schmerzen,
weil Ihr allein im Tümpel saßt,
zum Frosch verdammt im trüben Nass.«

Noch zweimal hörte der Prinz einen lauten Knall und beide Male waren es die Eisenbänder, die vom Herzen des treuen Heinrich abfielen, weil er so glücklich war, dass er seinen Herrn gesund und munter zurückbekommen hatte.

Jorinde und Joringel

Tief in einem dichten, dunklen Wald lebte eine alte Zauberin in einem uralten Schloss. Tagsüber verwandelte sie sich in eine Katze oder eine Eule und ging auf die Jagd, doch abends nahm sie wieder ihre menschliche Gestalt an. Wenn sich ein Mann ihrem Schloss auf hundert Schritte näherte, belegte sie ihn mit einem Bann, sodass er zu einer steinernen Statue erstarrte. Kam ihr eine Frau zu nahe, verwandelte die Zauberin sie in einen seltenen Vogel, steckte sie in einen Weidenkäfig und sperrte sie in ihrem Schloss ein.

Nicht weit vom Wald entfernt lebte ein junges Liebespaar namens Jorinde und Joringel. Die beiden waren unzertrennlich. Eines Tages, als sie Hand in Hand im Wald spazieren gingen, fiel Joringel plötzlich die Legende von der alten Zauberin ein. »Wir müssen aufpassen, dass wir dem Schloss nicht zu nahe kommen«, warnte sie.

Einige Zeit später dämmerte es und die letzten Sonnentrahlen fielen durch die Baumkronen und tanzten über den moosigen Waldboden. In den Ästen einer Birke saß eine Turteltaube und sang eine wehmütige Melodie, und obwohl es ein wunderschöner Abend war, überfiel Jorinde und Joringel plötzlich eine heftige Traurigkeit. Es fühlte sich an, als würden sie schon bald für immer voneinander getrennt.

Sie blickten sich um und sahen, dass sie sich verlaufen hatten. Die Sonne versank hinter den Bergen, und es würde nicht mehr lange dauern, bis der Wald in völliger Dunkelheit lag. Verzweifelt suchte Joringel nach dem Weg, den sie gekommen waren. Als er zwischen zwei Büschen hindurchspähte,

erkannte er zu seinem Entsetzen, dass sie dicht vor dem Schloss der Zauberin standen. Joringel zitterte vor Angst, und Jorinde fing an zu singen:

»Mein Vöglein mit dem Ringlein rot
singt ›Leide, leide, leide‹;
es singt dem Täublein seinen Tod,
singt ›Leide, lei… zicküth, zicküth, zicküth.«

Während sie sang, leuchteten plötzlich die flammend roten Augen einer Eule im Dämmerlicht auf und kamen geradewegs auf sie zu. Die Eule umkreiste Jorinde und Joringel und schrie dabei laut: »Schu-hu! Schu-hu! Schu-hu!« Jorinde verwandelte sich mitten im Lied in eine Nachtigall, und Joringel konnte sich plötzlich nicht mehr bewegen. Er stand da wie versteinert und konnte weder weinen noch sprechen, geschweige denn einen Finger rühren.

Die Nacht legte sich über den Wald, und die Eule flog in ein Gebüsch. Wenig später trat eine hagere alte Frau aus den Ästen hervor. Ihre Augen leuchteten rot, und ihre Nase war so lang und krumm, dass sie fast ihr Kinn berührte. Unter geheimnisvollem Gemurmel fing sie die Nachtigall ein, sperrte sie in einen Weidenkäfig und verschwand in der Dunkelheit. Der versteinerte Joringel blieb völlig verängstigt im finsteren Wald zurück.

Nach einer Weile kam die alte Frau ohne die Nachtigall wieder. Sie blickte zum Himmel hinauf und sprach einen Zauber, der mit den Worten endete: »Wenn der Mond auf den Käfig scheint, gib diesen Mann frei.«

Im nächsten Moment löste sich Joringel aus seiner Starre. Er fiel vor der Zauberin auf die Knie und flehte sie an, Jorinde gehen zu lassen. Doch die Zauberin lachte nur und antwortete, dass er seine Liebste nie wiedersehen würde. Dann verschwand sie. Joringel weinte, jammerte und schrie, aber es half nichts. »Oh, was soll nur aus meiner Liebsten werden?«, klagte er.

Schließlich trocknete er seine Tränen und stand auf. Er wanderte ziellos durch den Wald, bis er in ein kleines Dorf kam. Dort blieb er und lebte fortan als Schafhirte. Immer wieder zog es ihn jedoch zu dem Schloss der alten Zauberin zurück, doch er achtete sorgsam darauf, den Mauern nicht zu nahe zu kommen. Eines Nachts träumte er von einer blutroten Blume, in deren Mitte eine kostbare Perle lag. Im Traum pflückte er sie und ging mit ihr zum Schloss. Alles, was er dort mit der Blume berührte, kehrte in seine ursprüngliche Gestalt zurück, auch seine geliebte Jorinde.

Nach dem Aufwachen brach er sofort auf, um die Blume aus seinem Traum zu suchen. Acht Tage lang wanderte er über Berg und Tal, bis er am Morgen des neunten Tags eine blutrote Blume

fand. In ihrer Mitte glitzerte ein Tautropfen, so groß wie eine Perle. Behutsam pflückte er die kostbare Blume und kehrte damit zum Schloss zurück. Er lief Tag und Nacht, um so schnell wie möglich zu seiner Liebsten zu kommen.

Diesmal konnte ihm der Bann der Zauberin nichts anhaben. Er marschierte geradewegs auf das Schlosstor zu, und als er es mit seiner Blume berührte, sprang es sofort auf. Er trat ein und lauschte angestrengt, bis er vielstimmiges Vogelzwitschern hörte. Von ihrem traurigen Gesang ließ er sich tief ins Schloss hineinführen und kam schließlich in einen Saal, in dem Tausende Weidenkäfige hingen. Dazwischen stand die Zauberin und fütterte ihre geraubten Vögel.

Als sie Joringel erblickte, kreischte die alte Frau vor Wut. Ihre roten Augen funkelten erbost, doch sie konnte nichts gegen ihn ausrichten. Die blutrote Blume hielt sie von ihm fern. Joringel achtete nicht weiter auf sie, sondern wandte sich den Käfigen zu. Er suchte nach seiner Jorinde, aber unter all den Vögeln war es unmöglich, einen bestimmten zu erkennen. Doch da sah er aus dem Augenwinkel, wie die Zauberin mit einem der Käfige unter dem Arm vorsichtig zur Tür schlich. Joringel eilte ihr nach und berührte erst den Käfig und dann die alte Frau mit seiner Blume. Augenblicklich verlor die Zauberin all ihre magischen Fähigkeiten, und der Bann fiel von Jorinde ab.

Endlich hatten die beiden einander wieder. Sie umarmten sich überglücklich und waren so verliebt wie am ersten Tag. Dann berührte Joringel auch all die anderen Käfige mit seiner Blume und verwandelte all die Vögel in die jungen Frauen zurück, die sie einst gewesen waren. Jorinde, Joringel und all die anderen machten sich auf den Heimweg, und die beiden Liebenden lebten glücklich und vergnügt bis ans Ende ihrer Tage.

RUMPELSTILZCHEN

In einem Land, das von einer Hungersnot geplagt wurde, lebte einst ein armer Müller mit seiner Tochter. Diese war außerordentlich geschickt und konnte aus wenig die schönsten Dinge erschaffen. Der Müller war sehr stolz auf sie. Oft sagte er im Scherz, dass alles, was sie anfasste, zu Gold wurde. Eines Tages begegnete der Müller zufällig dem König. Er wollte ihm von seiner begabten Tochter erzählen, war aber so nervös, dass ihm stattdessen herausrutschte: »Ich habe eine Tochter, die Stroh zu Gold spinnen kann.«

Den König faszinierte die Vorstellung. Vielleicht gibt es in dieser Zeit der Not und des Mangels ja doch einen Hoffnungsschimmer, dachte er bei sich. »Bring sie morgen zu mir ins Schloss, damit ich mir selbst ein Bild machen kann.«

Als die Müllerstochter ins Schloss kam, wurde sie in einen Raum voller Stroh geführt. Der König gab ihr ein Spinnrad und Spindeln: »Verwandle all dies bis morgen früh in Gold«, befahl er, »sonst lasse ich dich hinrichten.« Dann ging er und verriegelte die Tür hinter sich.

Die Müllerstochter saß völlig verängstigt zwischen all dem Stroh und wusste nicht, was sie tun sollte. Ihre Verzweiflung wuchs und wuchs, bis sie schließlich anfing zu weinen. Plötzlich ging die Tür auf und ein kleines grünes Männlein kam herein. Es hatte eine Krone aus Blättern auf dem Kopf und sah ein wenig wie eine Wurzel oder ein kleiner Baum aus. »Guten Abend, Müllerstochter«, sagte er. »Warum weinst du so?«

»Ich muss all dieses Stroh bis zum Morgen in Gold verwandeln. Wenn nicht, lässt mich der König hinrichten!«

»Was gibst du mir, wenn ich es für dich spinne?«, fragte das grüne Männlein. »Meine Halskette«, antwortete das Mädchen, nahm die Kette ab und gab sie ihm.

Das Männlein betrachtete das Schmuckstück von allen Seiten. Dann nickte es und setzte sich ans Spinnrad. Die Arbeit ging ihm so schnell von der Hand, dass die Müllerstochter kaum mit den Augen hinterherkam. Surr, surr, surr, machte das Rad, und schon war die Spindel voll. Das Männlein tauschte sie aus und im Nu war auch die nächste Spindel voll mit goldenem Garn. So ging es die ganze Nacht, bis alles Stroh gesponnen war und alle Spindeln vor Gold glänzten.

Bei Sonnenaufgang kehrte der König zurück. Als er den goldgefüllten Raum sah, war er hocherfreut. Warum sollte ich sie jetzt schon gehen lassen, wenn sie das auch noch mal wiederholen kann?, dachte er.

Also führte er die Müllerstochter in einen weiteren Raum mit Stroh, der sogar noch größer war als der erste, und befahl ihr, sich an die Arbeit zu machen.

Wieder wusste sie sich nicht zu helfen. Vor lauter Verzweiflung und Angst um ihr Leben fing sie an zu weinen. Da ging die Tür auf und das kleine grüne Männlein kam herein.

»Was gibst du mir, wenn ich all das zu Gold spinne?«, fragte es.

»Meinen Ring«, antwortete sie.

»Zeig ihn mir«, verlangte das Männlein, und sie legte den Ring in seine knorrige, blättrige Hand. Es nickte zufrieden und setzte sich abermals ans Spinnrad. Surr, surr, surr, ging es die ganze Nacht, bis auch der letzte Strohhalm zu funkelndem Gold gesponnen war.

Als der König bei Sonnenaufgang den Raum betrat, konnte er sein Glück kaum fassen. Was habe ich denn hier für eine goldene Gans?, dachte er bei sich. Das reicht aus, um Nahrung für die ganze Stadt einzukaufen – ach was, für das ganze Land! Aber warum sollte ich mich damit begnügen, wo doch auch etwas Gold für mich dabei herausspringen könnte …?

Er führte das Mädchen in einen noch größeren Raum voller Stroh und sagte: »Spinn all das zu Gold, dann nehme ich dich zur Frau.« Als das Mädchen allein war, kam das Männlein ein drittes Mal zu ihr und fragte: »Was gibst du mir dieses Mal?«

»Ich habe nichts mehr, was ich dir geben kann«, antwortete sie verzweifelt.

»Dann versprich mir, wenn du Königin wirst, dein erstgeborenes Kind.«

Wer weiß, was in Zukunft sein wird, dachte die Müllerstochter. Und was habe ich schon für eine Wahl? Also versprach sie dem kleinen Wurzelmännlein ihr erstgeborenes Kind.

Wie in den vergangenen Nächten spann das Männlein alles Stoh zu Gold.

Als der König am Morgen hereinkam, fand er alles nach seinen Wünschen vor. Noch am selben Tag heiratete er die Müllerstochter.

Die junge Königin dachte nur noch selten an das grüne Männlein. Nach nicht mal einem Jahr brachte sie ein wunderschönes Kind zur Welt. Eines Nachts, als sie ihr Erstgeborenes in den Armen wiegte, erschien auf einmal das Männlein vor ihr: »Gib mir, was du mir versprochen hast«, verlangte es.

Erschrocken flehte die Königin: »Bitte lass mir mein Kind, ich liebe es mehr als alles auf der Welt. An seiner Stelle gebe ich dir alle Schätze dieses Königreichs.«

Doch das Männlein antwortete: »Ich kann Stroh zu Gold spinnen. Ich brauche deine Schätze nicht. Ich will dein kostbares kleines Kind.«

Die Königin begann zu weinen. Wieder einmal empfand das Männlein Mitleid mit ihr. »Ich gebe dir drei Tage«, sagte es. »Wenn du es bis dahin schaffst, meinen Namen zu erraten, sollst du dein Kind behalten. Wenn nicht, nehme ich es mit.«

Den Rest der Nacht verbrachte die Königin damit, sich alle Namen ins Gedächtnis zu rufen, die sie jemals gehört hatte. Früh am Morgen sandte sie ihren Boten, einen Raben, in die Stadt.

Er sollte sich auf den Dächern und Zäunen umhören und die seltensten Namen sammeln, die er finden konnte.

In der folgenden Nacht kam das Männlein wieder. »Nur zu!«, sagte es. »Wie heiße ich?«

»Heißt du vielleicht Kaspar?«, riet die Königin.

Das Männlein antwortete: »Nein, so heiße ich nicht!«

Als Nächstes versuchte sie es mit Melchior, dann mit Balthasar, und so ging sie alle Namen durch, die sie kannte, und danach all jene, die der Rabe aufgeschnappt hatte.

Doch jedes Mal antwortete das Männlein: »Nein, so heiße ich nicht.« Am zweiten Tag sandte die Königin ihren Boten noch weiter in die Welt hinaus, damit er dort die ungewöhnlichsten Namen aufsammelte, die er finden konnte. Der Rabe flog über das ganze Land und kehrte mit einer Reihe seltsamer Namen zurück. Als das Männlein in jener Nacht wiederkam, versuchte sie ihr Glück erneut. »Heißt du vielleicht Wollbart? Oder Seufzeviel? Oder aber Hummelbär?«

Das Männlein lachte. »Alles falsch! Morgen ist deine letzte Chance.«

Die Königin war der Verzweiflung nah. Sie drückte ihr geliebtes Kind an sich und fürchtete sich vor dem, was der nächste Tag bringen würde.

An diesem Abend kehrte der Rabe mit einer merkwürdigen Geschichte zurück. »Neue Namen habe ich keine mehr gefunden, Majestät«, krächzte er. »Aber hinter den Bergen, im tiefsten Wald, bin ich auf ein kleines Häuschen gestoßen. Davor brannte ein Feuer, um das ein grünes Männlein herumtanzte, das ein wenig wie eine Wurzel oder ein Baum aussah. Es hüpfte auf einem Bein und sang:

Heute back ich, morgen brau ich,
übermorgen hol ich der Königin ihr Kind.
Ach, wie gut, dass niemand weiß,
dass ich Rumpelstilzchen heiß!«

Wie glücklich die Königin war, als sie diese Worte hörte!

Als das Männlein in jener Nacht hereinkam, tanzte es noch immer und rieb sich siegesgewiss die Hände. »Und, wie sieht es heute aus? Weißt du nun, wie ich heiße?«

»Heißt du vielleicht Thomas?«, fragte die Königin.

»Nein.«

»Oder Sebastian?«

»Nein.«

»Kann es vielleicht sein ... dass du ... Rumpelstilzchen heißt?«

Das Männlein schrie: »Wer hat dir das verraten?! Wer hat dir das nur verraten?!« Vor Wut stampfte es so fest mit dem rechten Fuß auf, dass es bis zur Hüfte im Boden versank. Dann ergriff es seinen linken Fuß mit beiden Händen und riss sich entzwei.

Die zertanzten Schuhe

Es war einmal ein König, der hatte zwölf Töchter, von denen jede auf ihre eigene Art wunderschön und klug war. Sie alle schliefen in einem gemeinsamen Zimmer, in nebeneinander aufgereihten Betten. Jeden Abend verschloss ihr Vater heimlich die Zimmertür. Und doch waren jeden Morgen, wenn er sie wieder aufschloss, die Schuhe der Prinzessinnen vom vielen Tanzen zerschlissen. Niemand am Hof konnte sich einen Reim darauf machen.

Um das Rätsel zu lösen, ließ der König schließlich überall bekannt geben: »Wer herausfindet, wo die Prinzessinnen nachts tanzen, darf eine von ihnen zur Frau nehmen und wird nach meinem Tod zum neuen König gekrönt. Wer es aber nach drei Tagen und Nächten nicht schafft, hat sein Leben verwirkt.«

Bald darauf erschien ein Prinz am Königshof. Er wurde fürstlich bewirtet und am Abend in das Zimmer neben dem der zwölf Prinzessinnen gebracht. Seine Tür blieb offen, damit er nicht verpassen würde, was auch immer in der Nacht geschah. Doch der Prinz war so müde, dass er auf der Stelle einschlief. So erging es ihm auch in der zweiten und dritten Nacht, und als seine Zeit

abgelaufen war, ließ ihm der König ohne große Umschweife den Kopf abschlagen. Auf ihn folgten noch viele andere, die ihr Glück versuchten, aber sie alle fanden das gleiche grausame Ende.

Eines Tages kam ein armer Mann in die Gegend. Er war im Krieg schwer verwundet worden und konnte sich seitdem seinen Unterhalt nicht mehr verdienen. In einem Wald in der Nähe des Königsschlosses begegnete er einer alten Frau. »Wohin des Weges?«, erkundigte sie sich.

»Das weiß ich selbst nicht so genau«, antwortete er aufrichtig. »Ich habe kein Zuhause, keine Arbeit und keine Familie.« Dann fügte er lachend hinzu: »Aber ich hätte nicht übel Lust, rauszufinden, wo die Prinzessinnen nachts ihre Schuhe zertanzen. Es wäre schon schön, eines Tages zum König gekrönt zu werden!«

»Na, das ist nicht weiter schwer«, erwiderte die alte Frau. »Du darfst nur einfach nichts von dem Wein trinken, den die Prinzessinnen dir einschenken.« Sie gab ihm einen Mantel. »Wenn du den anziehst, wirst du unsichtbar. So kannst du den Prinzessinnen heimlich folgen.«

Der Mann begab sich auf direktem Weg zum König. Er wurde ebenso freundlich empfangen wie alle, die vor ihm gekommen waren, und sogar mit feinen neuen Kleidern ausgestattet. Nach dem Abendessen wurde er in das Zimmer neben dem der Prinzessinnen

geführt, und die älteste Königstochter brachte ihm einen Kelch mit erlesenem Wein. Dankbar lächelnd nahm er einen Schluck, spuckte ihn jedoch sofort aus, als sie gegangen war. Er vergewisserte sich, dass ihn niemand beobachtete, und schüttete den Rest des Weins aus dem Fenster, direkt in das dunkle Wasser des Schlossgrabens. Dann legte er sich ins Bett und begann, lautstark zu schnarchen, als würde er tief und fest schlafen.

Als die Prinzessinnen das hörten, lachten sie. »Der Arme«, sagte die Älteste. »Hätte er mal lieber sein Leben gerettet …« Sie klatschte in die Hände und rief: »Nun lasst uns tanzen gehen!« Die zwölf Schwestern sprangen freudig auf, holten ihre schönsten Kleider aus den Schränken, frisierten sich ihre Haare und wirbelten und tanzten übermütig im Zimmer herum, bis alle fertig waren.

Nur die jüngste Schwester war ungewöhnlich still. »Ich habe ein ganz ungutes Gefühl«, gestand sie. »Als würde etwas Schreckliches passieren …«

Die älteste Schwester winkte ab. »Du Angsthase fürchtest dich doch ständig vor irgendwas! Hast du vergessen, wie viele Männer daran gescheitert sind, unser Geheimnis aufzudecken? Der arme Kerl da drüben war so erschöpft von seinen Reisen, dass er wahrscheinlich auch ohne den Schlummertrunk in seinem Wein sofort eingeschlafen wäre!«

Als alle Schwestern so weit waren, schlichen sie leise ins Nachbar-zimmer, um nach dem Mann zu sehen. Er stellte sich schlafend und rührte sich nicht.

Beruhigt ging die älteste Schwester zu ihrem Bett zurück und klopfte dreimal dagegen. Daraufhin versank es im Boden und gab eine Geheimtreppe frei. Eine nach der anderen stiegen die Schwestern hinab, die Älteste vorweg, die Jüngste zum Schluss.

Doch der Mann war klug und hatte alles mit angehört. Geräuschlos warf er seinen Mantel über und folgte der jüngsten Schwester. Dabei trat er ihr versehentlich aufs Kleid.

Erschrocken drehte sie sich um und rief: »Wer ist da? Wer zieht an meinem Kleid?« Aber sie konnte niemanden sehen.

»Stell dich nicht so an!«, wies die älteste Schwester sie zurecht. »Du bist sicher bloß an einem Nagel hängen geblieben.«

Die Schwestern setzten ihren Weg fort. Unten angekommen, traten sie in eine Allee aus prachtvollen Bäumen, deren silberne Äste im Zauberlicht glitzerten und funkelten. Der Mann konnte nicht widerstehen und brach einen kleinen Zweig ab. Die jüngste Schwester zuckte zusammen, als sie das laute Knacken hörte. »Was war das? Hier stimmt etwas nicht!« Wieder konnte sie niemanden sehen.

»Das war nur ein Freudenschuss zu unseren Ehren«, versicherte die Älteste. »Weil wir unserem schlafenden Spion so schnell entkommen sind!« Sie führte die anderen zu einem großen See, wo bereits zwölf Boote auf sie warteten. In jedem Boot saß ein wunderschöner Prinz.

Die Prinzessinnen setzten sich zu den Prinzen in die Boote, und der unsichtbare Mann stieg vorsichtig bei der jüngsten Schwester und ihrem Prinzen

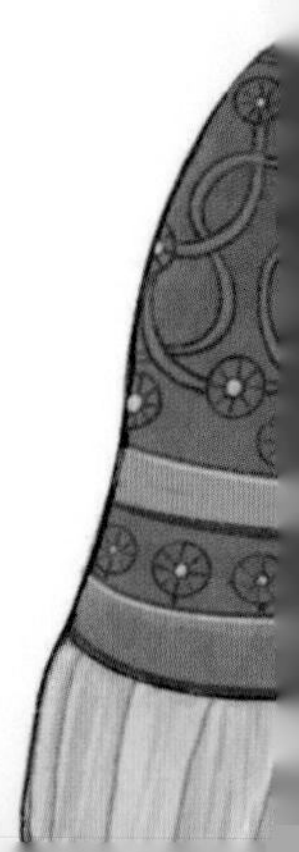

mit ein. Während sie über das Wasser ruderten, ächzte der Prinz: »Ich strenge mich wirklich an, Prinzessin, aber irgendwie erscheint mir das Boot viel schwerfälliger als sonst.«

»Das ist bestimmt nur die Hitze«, antwortete die jüngste Schwester beklommen.

Sie ruderten über den See zu einem prächtigen, hell erleuchteten Schloss. Schon von Weitem schallten ihnen die Klänge der Trommeln und Trompeten entgegen. Sobald sie das Ufer erreicht hatten, eilten die Prinzen und Prinzessinnen in den Ballsaal und wirbelten zusammen über die Tanzfläche.

Der unsichtbare Mann tanzte unbemerkt mit. Jedes Mal, wenn eine Prinzessin innehielt, um sich einen Becher Wein zu holen, kam der Mann ihr zuvor und trank ihn aus. Der jüngsten Schwester war das nicht geheuer, doch die älteste tat ihre Sorgen auch diesmal gleichgültig ab.

So ging es bis um drei Uhr morgens, als ihre Schuhe völlig zertanzt waren. Sie wurden über den See zurück nach Hause gerudert und diesmal setzte sich der unsichtbare Mann zur ältesten Schwester, deren Boot als erstes das Ufer erreichte. Während sich die Prinzessinnen von ihren Prinzen verabschiedeten und versprachen, in der folgenden Nacht wiederzukommen, rannte der Mann voraus und die Treppe hinauf.

Als die Prinzessinnen in ihr Zimmer kamen, fanden sie den Mann laut schnarchend in seinem Bett vor. »Seht ihr, kein Grund zur Sorge«, sagte die älteste Schwester lächelnd. Sie hängten ihre wunderschönen Kleider auf, stellten die zertanzten Schuhe unter ihre Betten, schlüpften in ihre Nachthemden und legten sich schlafen.

Am nächsten Morgen verriet der Mann nicht, was er beobachtet hatte. Er wollte den Ball gern noch einmal erleben. Zwei weitere Nächte folgte er den Prinzessinnen und sah zu, wie sie ihre Schuhe zertanzten. In der dritten Nacht nahm er einen goldenen Kelch aus dem Ballsaal mit.

Schließlich war es an der Zeit, dem König Bericht zu erstatten. »Also, wie kommt es, dass die Schuhe meiner Töchter jeden Morgen aufs Neue zertanzt sind?«, fragte der König ungeduldig. Die Prinzessinnen lauschten an der Tür.

»Sie treffen sich mit zwölf Prinzen in einem unterirdischen Schloss«, antwortete der Mann und erzählte dem König alles. Zum Beweis zeigte er ihm den silbernen Zweig und den goldenen Kelch.

Der König rief seine Töchter herbei, denen nichts anderes übrig blieb als die Wahrheit zu gestehen. Traurig sahen sie zu, wie der König den Mann fragte, welche von ihnen er zur Frau wollte.

»Ich bin nicht mehr der Jüngste«, erwiderte der Mann, »darum würde ich gern die Älteste heiraten.«

Noch am selben Tag wurde Hochzeit gefeiert und als der König starb, wurden der Mann, der einst bettelarm gewesen war, und die älteste Tochter zum neuen Königspaar gekrönt.

DÄUMLING

Ein armer Bauer saß eines Abends nach getaner Arbeit am Kamin und schürte das Feuer, während seine Frau an seiner Seite leise strickte. Auf einmal seufzte er schwer. »Ach, es ist so traurig, dass wir keine Kinder haben. Bei uns ist es so still, während es in den anderen Häusern laut und fröhlich hergeht!«

Seine Frau nickte wehmütig. »Selbst wenn es nur eins wäre – ein ganz kleines, nicht größer als mein Daumen. Wie glücklich mich das machen würde! Wir würden es von ganzem Herzen lieb haben.«

Bald darauf wurde die Frau tatsächlich schwanger, und nach nur sieben Monaten brachte sie einen kleinen Jungen zur Welt. Er war rundum gesund, aber nicht größer als ein Daumen. »Genau, wie wir es uns gewünscht haben!«, riefen die Eltern. »Endlich haben wir unseren lieben kleinen Däumling!«

Obwohl sie gut für ihn sorgten und er immer reichlich zu essen bekam, blieb er so klein wie am Tag seiner Geburt. Doch der Junge war klug und gewitzt, und ihm gelang fast alles, was er sich in den Kopf setzte.

Eines Tages wollte sein Vater in den Wald gehen, um Feuerholz zu schlagen. »Ach, hätte ich doch nur jemanden, der mir helfen und mit dem Wagen nachkommen würde«, sagte er bei sich.

»Ich kann dir helfen, Vater!«, rief Däumling aufgeregt. »Wenn du willst, bringe ich dir den Wagen genau dorthin, wo du ihn brauchst.«

Sein Vater lächelte. »Wie willst du das anstellen, mein Junge? Du bist viel zu klein, um ein Pferd bei den Zügeln zu führen.«

»Keine Sorge, Vater. Ich brauche keine Zügel. Wenn Mutter das Pferd für mich anspannt, setze ich mich in sein Ohr und sage ihm, wo es langgehen soll.«

»In Ordnung«, antwortete sein Vater. »Versuchen können wir es ja.«

Und so zog der Vater los. Als die Zeit gekommen war, spannte die Mutter den Wagen an und setzte Däumling in das Ohr des Pferdes. Den ganzen Weg rief der Kleine »Hü!« und »Ho!«, und lenkte es so problemlos in den Wald.

Gerade als sie mit einem kräftigen »Hü!« um eine Ecke bogen, liefen zwei Männer an ihnen vorbei.

»Na, so was!«, entfuhr es dem einen. »Was war das denn? Ich habe ganz deutlich gehört, wie jemand das Pferd antreibt, aber auf dem Wagen sitzt niemand.«

»Merkwürdig«, sagte der andere. »Komm, das sehen wir uns genauer an.«

Däumling lenkte den Wagen weiter durch den Wald, bis zu der Stelle, wo sein Vater Holz schlug. Als er seinen Vater erblickte, rief er: »Vater, hier bin ich! Ich habe den Wagen gebracht. Jetzt hol mich runter.« Der Vater nahm seinen kleinen Sohn aus dem Pferdeohr und setzte ihn auf einem Grasbüschel ab, damit er sich ausruhen konnte.

Als die beiden Männer wenig später dazukamen und den winzigen Däumling entdeckten, trauten sie ihren Augen kaum. Der eine wandte sich an den anderen und flüsterte: »Der Kleine könnte uns eine Menge Geld einbringen, wenn wir ihn in der großen Stadt herumzeigen – lass ihn uns kaufen, er wird sicher für Aufsehen sorgen.«

Die beiden gingen auf den Vater zu. »Guter Mann, verkauft uns den kleinen Kerl. Wir werden gut auf ihn achtgeben.«

»Nein! Niemals!«, antwortete der Vater, ohne zu zögern. »Er ist mein Sohn, und ich liebe ihn über alles. Ich gebe ihn für kein Geld der Welt her.«

Däumling witterte jedoch eine gute Gelegenheit. Flink kletterte auf die Schulter seines Vaters und flüsterte ihm ins Ohr: »Lass mich mit ihnen gehen. Wir können das Geld gut gebrauchen, und ich komme so schnell zurück, wie ich kann. Versprochen.«

So kam es, dass der Vater seinen geliebten Sohn für einen ordentlichen Batzen Geld weggab.

»Wo möchtest du sitzen?«, fragten die Männern Däumling.

»Am liebsten auf der Krempe Eures Hutes. Dort kann ich hin und her gehen und die Welt vorbeiziehen sehen.«

Sie liefen bis zum Sonnenuntergang. Schließlich bat Däumling: »Lasst mich runter, ich muss auf die Toilette.«

»Mach ruhig auf meinen Hut«, sagte der Mann, der ihn trug. »Das stört mich nicht; schlimmer als das, was die Vögel manchmal drauffallen lassen, kann es auch nicht sein.«

»Nein!«, protestierte Däumling. »Das gehört sich nicht! Bitte setzt mich ab und lasst mich kurz alleine.«

Vorsichtig nahm der Mann den Hut ab und legte ihn auf den Boden. Sofort rannte Däumling los und flitzte ins nächste Feld. Er sprang über Steine und kroch unter Gräsern hindurch, bis er ein Mauseloch fand, in dem er verschwand. Zum Abschied rief er den Männern lachend zu: »Auf Wiedersehen, die Herren. Geht nur ohne mich weiter.«

Wütend stocherten die Männer mit Stöcken im Mauseloch herum, um ihn auszugraben, doch Däumling versteckte sich tief unter der Erde. Als es dunkel wurde, blieb den Männern nichts anderes übrig, als verärgert und mit leeren Taschen davonzuziehen.

Däumling wartete, bis er sich ganz sicher war, dass sie fort waren, und kroch dann aus seinem unterirdischen Versteck.

»Es ist zu gefährlich, nachts hier herumzuirren«, sagte er zu sich. Zögerlich wagte er dennoch ein paar Schritte, stieß aber beinahe sofort gegen etwas Großes, Hartes. Ein leeres Schneckenhaus. »Perfekt!«, murmelte er. »Darin bin ich die ganze Nacht sicher.« Er kletterte hinein. Gerade als er einschlafen wollte, hörte er, wie sich zwei weitere Männer näherten. Der eine fragte den anderen: »Wie kommen wir am besten an das viele Gold und Silber vom Herrn Doktor?«

»Kinderspiel!«, brüllte Däumling aus seinem Versteck.

»Wer hat das gesagt?«, rief einer der Diebe erschrocken und blickte sich suchend in der Dunkelheit um.

»Nehmt mich mit, dann helfe ich euch«, bot Däumling an.

»Aber wo bist du?«

»Hier unten, auf dem Boden. Schaut nur genau hin«, antwortete er.

Als die Diebe Däumling entdeckten, lachten sie und hoben ihn hoch. »Na, du kleiner Wicht, wie willst du uns denn bitte helfen?«

»Das kann ich euch sagen«, antwortete Däumling. »Wir müssen nur einen Spalt finden, durch den ich kriechen kann. Dann hole ich, was immer ihr haben wollt, und reiche es euch hinaus.«

»Also gut«, erwiderten die Diebe begierig. »Dann zeig mal, was du kannst!«

Als sie zum Haus des Doktors kamen, kletterte Däumling durch die engen Gitterstäbe des offenen Fensters. Sobald er drinnen war, schrie er aus vollem Hals: »Was wolltet ihr noch mal genau? Wollt ihr alles stehlen, was ich finden kann?«

Entgeistert zischten die Diebe: »Psst! Nicht so laut!«

Däumling tat, als hätte er sie nicht gehört. Er schrie erneut: »Soll ich alles rausholen, was ich finden kann?«

Aus Angst, erwischt zu werden, nahmen die Diebe Reißaus. Nachdem sie ein Stück gelaufen waren, besannen sie sich jedoch eines Besseren und kehrten um. »Wir lassen uns doch von so einem Winzling nicht ins Bockshorn jagen!«, schnaubten sie empört.

Sie schlichen erneut zum Fenster und flüsterten: »Na los, kleiner Kerl, Schluss mit dem Unsinn. Jetzt reich uns schon die Beute raus.«

Sofort brüllte Däumling, so laut er konnte: »Ich gebe euch alles, was ihr wollt. Streckt die Hände aus, damit ich die Sachen an euch weitergeben kann.«

Diesmal weckte er mit seinem Geschrei die Magd auf, die aus dem Bett sprang und in die Küche rannte. Sie entzündete eine Kerze und suchte das Haus ab, doch die Diebe hatten endgültig die Flucht ergriffen. Sie rannten, als wäre der Teufel höchstpersönlich hinter ihnen her, während Däumling auf den Heuboden flitzte. Schließlich gab die Magd die Suche auf. Sie legte sich wieder ins Bett und glaubte, dass sie die laute Stimme nur geträumt hatte.

In der Zwischenzeit machte es sich Däumling im Heu gemütlich. Dort wollte er bis zum Morgen ausruhen und sich dann auf den Rückweg zu seinen Eltern machen, doch das Leben hatte andere Pläne für ihn …

Bei Sonnenaufgang erwachte die Magd und ging in die Scheune, um die Kühe zu füttern. Zu Däumlings großem Pech erwischte sie genau den Teil vom Heu, in dem er schlief. Er schlummerte so tief und fest, dass er erst aufwachte, als er sich im Maul einer hungrigen Kuh befand.

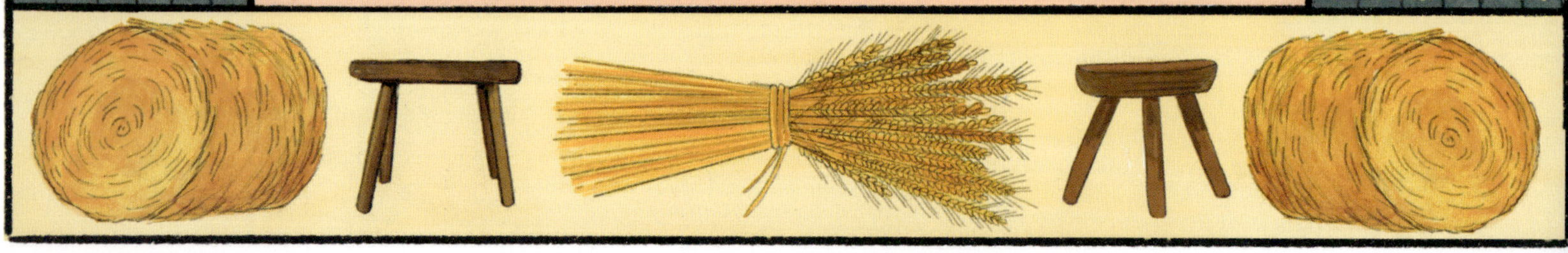

»Ach herrje!«, rief Däumling und sah sich panisch um. »Wo bin ich denn hier hineingeraten?« Er rannte hin und her, so schnell er konnte, um nicht zwischen den Zähnen zermalmt zu werden. Dann schluckte die Kuh, und Däumling rutschte hilflos in ihren Magen hinab. »Eine solche Dunkelheit habe ich noch nie erlebt«, flüsterte er ängstlich. In der Kuh war es schrecklich ungemütlich. Der Magen war feucht und stank, und alle paar Sekunden kam mehr Heu nach. Schon bald ging Däumling der Platz aus. Irgendwann wusste er sich nicht mehr anders zu helfen und schrie: »Bitte, nicht noch mehr Futter, nicht noch mehr Futter!«

Die Magd, die gerade dabei war, die Kuh zu melken, erschrak, als sie die Stimme hörte. Es war die gleiche rätselhafte Stimme wie in der Nacht. Sie blickte sich um, konnte aber wieder niemanden finden. Entsetzt sprang sie auf, wobei sie die Milch umstieß, und rannte ins Haus, um den Doktor zu holen. »Die Kuh spricht! Ach, Herr Doktor, ich schwöre es: Die Kuh spricht!«

»Hast du den Verstand verloren?«, fragte der Doktor, folgte ihr aber doch nach draußen. Er hatte kaum den Fuß in die Scheune gesetzt, als Däumling im Inneren der Kuh erneut schrie: »Bitte, nicht noch mehr Futter, nicht noch mehr Futter!«

Der Doktor blieb wie angewurzelt stehen. Weil er glaubte, dass die Kuh von einem bösen Geist besessen war, ließ er sie schlachten. Ihre Innereien wurden auf den Misthaufen geworfen, darunter auch der Magen, in dem Däumling immer noch feststeckte.

Es war gar nicht so leicht, sich daraus zu befreien. Gerade als er so weit war, dass er den Kopf herausstrecken konnte, wurde er von einem neuen Unheil heimgesucht. Ein hungriger Wolf hatte die großzügige Mahlzeit entdeckt und verschlang den Magen mit einem Happs.

Doch Däumling ließ sich davon nicht unterkriegen. Aus dem Inneren des Magens rief er laut: »Hallo da draußen! Ich weiß, wo du ein köstliches Festmahl finden kannst. Viel besser als das, was du gerade frisst!«

»Ach ja? Wo denn?«, fragte der Wolf.

»Ich kenne ein Haus, wo du durch ein breites Rohr direkt in die Küche klettern kannst. Dort gibt es Kuchen, Schinken und Würste – mehr, als du jemals fressen kannst.« Er beschrieb ihm das Haus seiner Eltern bis ins kleinste Detail.

Das ließ sich der Wolf nicht zweimal sagen. In dieser Nacht lief er geradewegs zum Haus mit all den Leckerbissen und zwängte sich durch das Rohr, genau wie Däumling es gesagt hatte. Er brach in die Vorratskammer ein und fraß sich nach Herzenslust satt. Als er so voll war, dass er nichts mehr herunterbekam, wollte er sich durch das Rohr wieder nach draußen zwängen, doch er war so dick und rund, dass er nicht mehr hindurchpasste. Genau darauf hatte Däumling gehofft. Er begann, in seinem Inneren zu schreien und zu toben.

»Psst! Sei leise«, flehte der Wolf. »Du weckst noch die Menschen auf!«

»Na und?«, entgegnete Däumling. »Du hattest deinen Teil, jetzt bin ich an der Reihe.« Er schrie noch lauter.

Schließlich wurden Däumlings Mutter und Vater von dem Lärm wach.

Sie rannten zur Küche und lugten durch das Schlüsselloch. Als sie den Wolf entdeckten, liefen sie los, um sich zu bewaffnen. Der Vater schnappte sich die Axt, die Mutter die Sense.

»Warte hier«, sagte der Vater, als sie wieder vor der Küchentür standen. »Ich schlage ihm mit der Axt auf den Kopf. Wenn das nicht ausreicht, um ihn zu töten, komm du mit der Sense herein und hilf mir.«

Däumling hörte die Stimme seines Vaters und rief: »Mutter, Vater, ich bin hier drin! Ich bin im Bauch des Wolfes!«

»Hast du das gehört?«, freute sich die Mutter. »Das ist unser kleiner Däumling. Er lebt und hat den Weg zurück zu uns gefunden!«

Der Vater stürmte in die Küche. Er schlug dem Wolf mit der Axt so fest auf den Kopf, dass das Tier augenblicklich tot war. Schnell holten sie Messer und eine Schere und schnitten den Bauch des Wolfes vorsichtig auf, um ihren geliebten Däumling zu befreien.

»Komm her, mein Sohn«, sagte der Vater und nahm Däumling behutsam in die Hand. »Wir haben uns solche Sorgen um dich gemacht!«

»Ach, Vater, ich saß in einem Mauseloch, war im Magen einer Kuh gefangen und nun auch noch im Bauch eines Wolfs. Von jetzt an möchte ich immer bei euch bleiben.«

»Und wir geben dich nie wieder her«, versprachen seine Eltern wie aus einem Mund. »Nicht für alles Geld der Welt.«

Frau Holle

Es war einmal eine Frau, die hatte zwei Töchter, von denen eine fleißig und ehrlich war, die andere aber nachlässig und faul. Die Frau mochte jedoch die faule Tochter lieber, denn diese war ihr leibliches Kind. Die fleißige Stieftochter hingegen musste wie Aschenputtel die gesamte Arbeit im Haus machen.

Jeden Tag trug sie Töpfe, Pfannen und schmutzige Wäsche zum Fluss und schrubbte und wusch, bis ihre Hände wund waren und bluteten, denn erst wenn alles blitzblank war, durfte sie nach Hause kommen. Das Mädchen putzte und putzte, bis sie eines Tages vor Erschöpfung ohnmächtig wurde und in den Fluss fiel.

Als sie aufwachte, lag sie in einer wunderschönen Wiese. Die Sonne schien und um sie herum wuchsen Tausende Wildblumen. Staunend lief sie durch das Blütenmeer und freute sich über den Duft und die leuchtenden Farben der Blumen.

Nachdem sie ein Stück gegangen war, kam sie an einen Ofen voller Brot. Das Brot rief: »Hol mich raus, o bitte, hol mich raus! Ich bin schon ganz knusprig, nicht mehr lange, dann verbrenne ich!« So schnell sie konnte, holte das Mädchen die vielen Laibe aus dem Ofen. Sie reihte das duftende Brot sorgfältig nebeneinander auf, naschte aber kein winziges bisschen davon.

Dann lief sie weiter und kam bald darauf an einem Apfelbaum vorbei. »Schüttle mich! Bitte schüttle mich! Meine Äpfel sind reif!«, bat der Baum. Ohne zu zögern rannte sie zu ihm und schüttelte ihn, bis es um sie herum saftige Äpfel regnete. Sie sammelte sie auf und stapelte sie zu einem ordentlichen Haufen, dann setzte sie ihren Weg fort.

Nach einer Weile kam sie an ein Häuschen, aus dessen kleinem rundem Dachfenster eine alte Frau herausschaute. Das Mädchen erschrak, als sie sah, was für schreckliche Zähne die Frau hatte. Trotzdem ging sie tapfer näher und rief höflich: »Hallo!«

Die alte Frau lächelte. »Wie schön, dich kennenzulernen, mein Kind. Bleib bei mir und hilf mir mit der Hausarbeit. Dir wird es hier gut gehen, das verspreche ich dir. Du musst nur darauf achten, dass du mein Bett kräftig aufschüttelst, sodass die Federn fliegen, dann schneit es auf der Welt, denn ich bin die Frau Holle.«

Weil die alte Frau so freundlich zu ihr war, beschloss das Mädchen zu bleiben. Sie tat alles, worum Frau Holle sie bat. Jeden Tag trat sie an das kleine runde Fenster und schüttelte die Bettdecke so kräftig auf, dass die Federn wie Schneeflocken daraus herabrieselten. Lange Zeit lebten die beiden so einträchtig zusammen.

Doch obwohl es bei Frau Holle tausendmal besser war als zu Hause, bekam das Mädchen irgendwann Heimweh. Schließlich vertraute sie sich Frau Holle an. »Es ist hier wirklich schön«, sagte sie leise, »aber ich habe solche Sehnsucht nach meinem Zuhause. Ich kann nicht länger bleiben.«

Frau Holle reagierte so freundlich wie immer. »Das verstehe ich, mein Kind. Und weil du mir so treu gedient hast, bringe ich dich persönlich zurück.« Sie nahm sie bei der Hand, führte sie zu einem großen Tor und öffnete es für sie.

Als das Mädchen hindurchtrat, begann es plötzlich zu regnen. Doch es war kein gewöhnlicher Regen, sondern pures Gold, das an ihr haften blieb und sie vollständig einhüllte. »Das ist dein Lohn, weil du so lieb und fleißig warst«, sagte Frau Holle und schloss das Tor. Das Mädchen fand sich auf der Erde wieder, nicht weit von zu Hause.

Als sie sich dem Haus näherte, krähte der Hahn auf dem Gartenzaun:

»Kikeriki,
hier ist unsere Goldmarie!«

Da kam die Mutter aus dem Haus geeilt und als sie sah, dass ihre Stieftochter über und über mit Gold bedeckt war, begrüßte sie das Mädchen überschwänglich. Und nachdem sie herausgefunden hatte, wie sie zu all diesem Reichtum gekommen war, sollte ihre leibliche Tochter ebenfalls ihr Glück versuchen. Sie befahl ihr, zum Fluss hinunterzugehen und so lange Töpfe, Pfannen und Bettlaken zu waschen, bis sie blitzblank waren. Weil diese Tochter ihr Leben lang noch nie gearbeitet hatte, wurde ihr durch die ungewohnte Anstrengung rasch schwarz vor Augen und sie stürzte ins Wasser.

Auch sie erwachte in der wunderschönen Blumenwiese. Sie schenkte den Wildblumen jedoch keine Beachtung, sondern trampelte sie achtlos nieder. Als sie zu dem Ofen kam, rief das Brot darin wieder: »Hol mich raus, o bitte, hol mich raus! Ich bin schon ganz knusprig, nicht mehr lange, dann verbrenne ich!«

Die faule Tochter antwortete: »Vergiss es! Ich will mich doch nicht schmutzig machen«, und lief weiter.

Kurz darauf kam sie zu dem Apfelbaum. Er bat: »Schüttle mich! Bitte schüttle mich! Meine Äpfel sind reif!« Doch das Mädchen kickte bloß die Äpfel, die bereits herabgefallen waren, aus dem Weg und stapfte missmutig weiter.

Als sie schließlich das Häuschen von Frau Holle erreichte, erschrak sie kein bisschen, denn sie war bereits vor ihren scheußlichen Zähnen gewarnt worden. Sie bot sofort an, für die alte Frau zu arbeiten.

Am ersten Tag gab sie sich auch wirklich Mühe. Sie befolgte sämtliche Anweisungen und dachte dabei die ganze Zeit an das viele Gold, das sie zur Belohnung bekommen würde. Doch schon am zweiten Tag fing sie an zu faulenzen und am dritten Tag wollte sie morgens gar nicht erst aufstehen. Sie machte Frau Holles Bett nicht und schüttelte es auch nicht kräftig genug auf, sodass keine Federn flogen und es auf der Erde nicht schneite. Nun hatte Frau Holle endgültig genug und schickte sie fort. Die faule Tochter freute sich, dass sie ihr Gold so schnell erhalten würde.

Die alte Frau führte sie zu dem großen Tor. Als das Mädchen hindurchtrat, begann es auch tatsächlich zu regnen. Aber es war kein Gold, sondern dickes, zähflüssiges Pech. »Das ist der Lohn für deine Dienste«, sagte Frau Holle und schloss das Tor hinter ihr. Von Kopf bis Fuß mit Pech bedeckt, schleppte sich die faule Tochter nach Hause. Als der Hahn sie kommen sah, krähte er:

»Kikeriki,
hier ist unsere Pechmarie!«

Das Pech klebte an ihr, so fest sie auch schrubbte, und ging bis ans Ende ihres Lebens nicht mehr ab.

Hänsel und Gretel

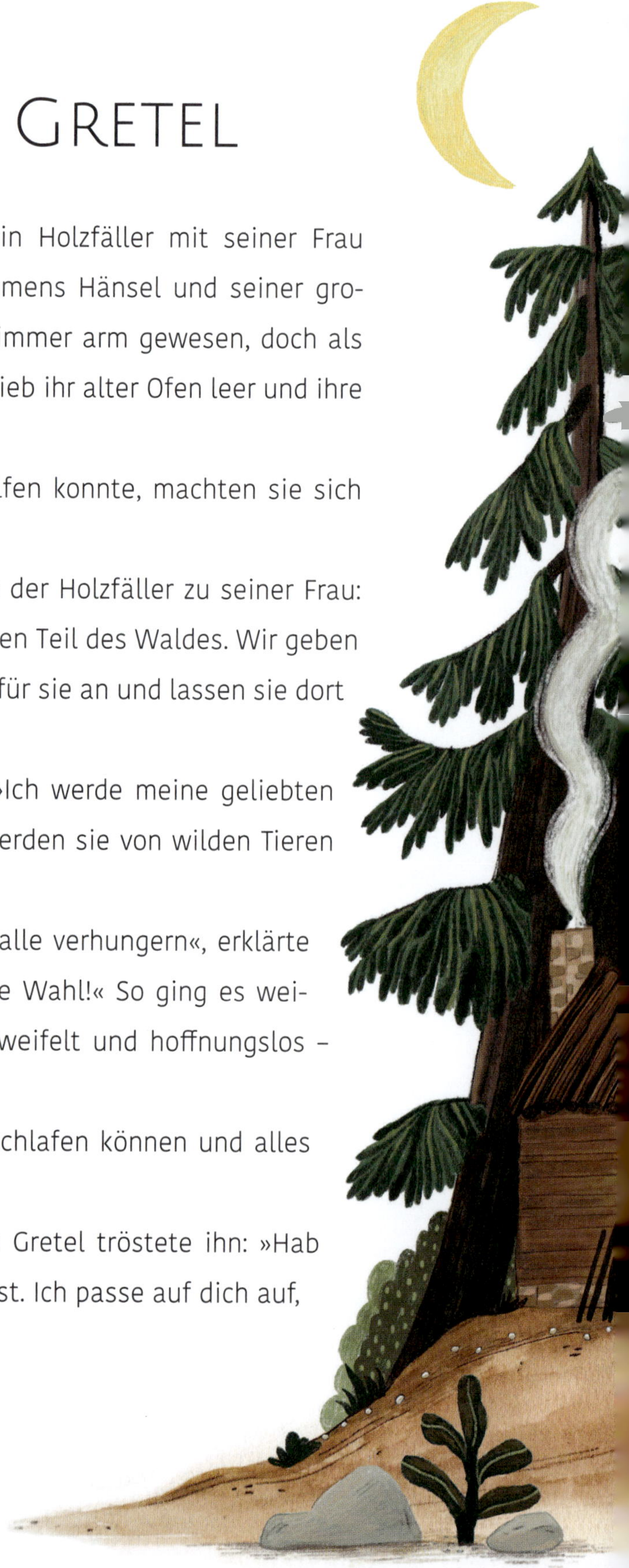

Am Rande eines großen Waldes lebte ein Holzfäller mit seiner Frau und zwei Kindern – einem kleinen Jungen namens Hänsel und seiner großen Schwester Gretel. Die Familie war schon immer arm gewesen, doch als eine Hungersnot über das Land hereinbrach, blieb ihr alter Ofen leer und ihre Mägen auch.

Weil sie niemanden hatten, der ihnen helfen konnte, machten sie sich große Sorgen um ihre Zukunft.

Eines Abends, als sie im Bett lagen, sagte der Holzfäller zu seiner Frau: »Morgen bringen wir die Kinder in den dichtesten Teil des Waldes. Wir geben ihnen ein kleines Stück Brot, zünden ein Feuer für sie an und lassen sie dort zurück.«

»Nein!«, antwortete die Mutter entsetzt. »Ich werde meine geliebten Kinder nicht allein im Wald aussetzen. Dort werden sie von wilden Tieren zerrissen!«

»Wenn wir es nicht tun, müssen wir bald alle verhungern«, erklärte der Holzfäller hastig. »Wir haben keine andere Wahl!« So ging es weiter und weiter, bis seine Frau – hungrig, verzweifelt und hoffnungslos – schließlich doch zustimmte.

Die Kinder aber hatten vor Hunger nicht schlafen können und alles mit angehört.

Hänsel fing an, bitterlich zu weinen, doch Gretel tröstete ihn: »Hab keine Angst, Brüderchen. Ich weiß, was zu tun ist. Ich passe auf dich auf, versprochen.«

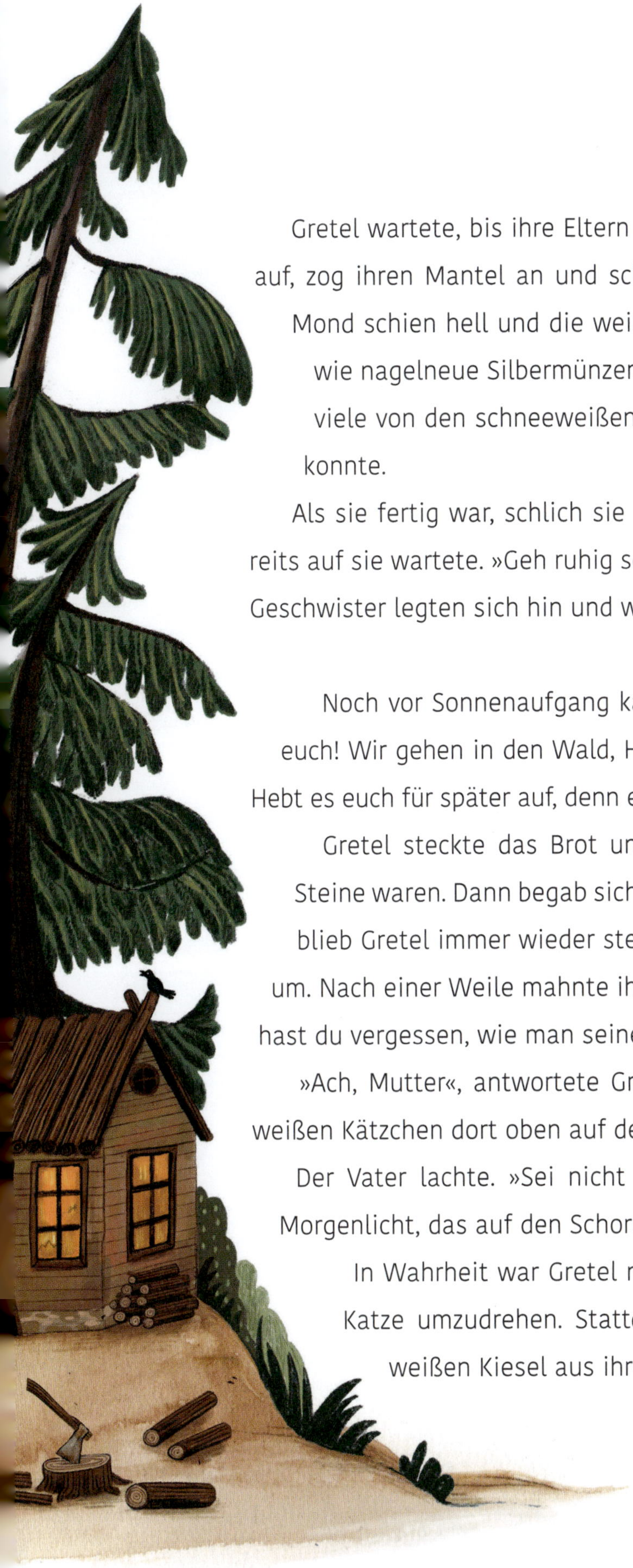

Gretel wartete, bis ihre Eltern eingeschlafen waren. Dann stand sie leise auf, zog ihren Mantel an und schlich auf Zehenspitzen nach draußen. Der Mond schien hell und die weißen Kieselsteine vor dem Haus leuchteten wie nagelneue Silbermünzen. Gretel kniete sich hin und steckte sich so viele von den schneeweißen Kieseln in die Manteltaschen, wie sie nur konnte.

Als sie fertig war, schlich sie zurück auf den Dachboden, wo Hänsel bereits auf sie wartete. »Geh ruhig schlafen. Alles wird gut«, versicherte sie. Die Geschwister legten sich hin und waren bald darauf eingeschlafen.

Noch vor Sonnenaufgang kam ihr Vater, um sie zu wecken. »Raus mit euch! Wir gehen in den Wald, Holz holen. Hier habt ihr ein Stückchen Brot. Hebt es euch für später auf, denn etwas anderes gibt es heute nicht.«

Gretel steckte das Brot unter ihre Schürze, weil ihre Taschen voller Steine waren. Dann begab sich die Familie hinaus in den Wald. Unterwegs blieb Gretel immer wieder stehen und blickte sich nach ihrem Häuschen um. Nach einer Weile mahnte ihre Mutter: »Hör auf zu trödeln, Gretel. Oder hast du vergessen, wie man seine Beine benutzt?«

»Ach, Mutter«, antwortete Gretel. »Ich verabschiede mich nur von dem weißen Kätzchen dort oben auf dem Dach.«

Der Vater lachte. »Sei nicht albern. Das ist keine Katze, sondern das Morgenlicht, das auf den Schornstein fällt.«

In Wahrheit war Gretel nicht stehen geblieben, um sich nach einer Katze umzudrehen. Stattdessen hatte sie jedes Mal einen kleinen weißen Kiesel aus ihrer Tasche fallen lassen.

Sie folgten einem verschlungenen Weg, den die Kinder nicht kannten, bis tief in den Wald hinein. Als sie schließlich anhielten, sagte ihr Vater: »Nun geht und sammelt Holz, Kinder. Ich mache euch ein Feuer, damit ihr nicht friert.« Hänsel und Gretel trugen einen kleinen Berg aus Feuerholz zusammen. Ihr Vater entzündete es und sagte: »Bleibt hier, ruht euch aus und sorgt dafür, dass das Feuer nicht ausgeht. Eure Mutter und ich gehen in den Wald und schlagen Holz. Wenn wir fertig sind, kommen wir euch holen.«

Hänsel und Gretel saßen am Feuer und als es Mittag wurde, aßen sie ihr Stückchen Brot.

Sie warteten und warteten, aber ihre Eltern kamen nicht zurück.

Langsam wurde es dunkel und die Nacht brach über den Wald herein. Hänsel fing an zu weinen, doch Gretel sagte ruhig: »Hab noch ein bisschen Geduld. Warte, bis der Mond aufgegangen ist.«

Als es so weit war, nahm Gretel ihren Bruder an die Hand. Sie zeigte ihm die Kiesel, die im silbernen Mondlicht wie frisch geprägte Münzen schimmerten und ihnen den Weg nach Hause wiesen. Die Geschwister liefen die ganze Nacht hindurch und bei Sonnenaufgang waren sie wieder daheim.

Als ihre Mutter sie sah, umarmte sie sie überglücklich. Ihr Vater tat so, als würde er sich ebenfalls freuen, doch insgeheim ärgerte er sich.

Es dauerte nicht lange, und die Familie hatte abermals kein Essen im Haus. An diesem Abend, während Hänsel bereits schlief, hörte Gretel, wie ihr Vater zu ihrer Mutter sagte: »Morgen müssen wir die Kinder noch tiefer in den Wald führen, damit sie auf keinen Fall den Rückweg finden. Sonst müssen wir alle verhungern.«

Wieder versuchte ihre Mutter, ihn umzustimmen. Lieber wollte sie ihren letzten Bissen mit ihren geliebten Kindern teilen, als sie im Wald auszusetzen. Doch ihr Hunger und ihre Verzweiflung waren so groß, dass sie sich schließlich von den Argumenten ihres Mannes überzeugen ließ.

Wie beim letzten Mal wartete Gretel, bis ihre Eltern eingeschlafen waren, und schlich dann nach unten, um weitere Kiesel zu sammeln. Aber diesmal war die Tür abgeschlossen. Unverrichteter Dinge kehrte sie auf den Dachboden zurück, wo sie sich zu ihrem schlafenden Bruder ins Heu legte und sich einen neuen Plan ausdachte.

Früh am nächsten Morgen bekamen sie wieder ein Stück Brot, das noch kleiner war als beim letzten Mal. Auf dem Weg in den Wald zerbrach Gretel das Brot heimlich in kleine Bröckchen und verstreute ein paar davon auf dem Boden, wann immer sie konnte.

»Gretel, warum bleibst du andauernd stehen und siehst dich um?«, fragte ihre Mutter. »Lauf weiter!«

»Ach, Mutter, ich verabschiede mich nur von der Taube dort auf dem Dach.«

»Sei nicht albern«, grummelte ihr Vater. »Das ist nur die Morgensonne, die auf den Schornstein scheint!«.

So hinterließ Gretel eine Spur aus Brotkrumen auf dem Boden, während ihr Vater sie tief in den Wald führte, weiter, als sie je gegangen waren. Wieder sagten die Eltern, sie würden Holz hacken gehen, und die Kinder sollten solange das Feuer bewachen.

Als es Mittag wurde, teilte Hänsel sein kleines Stückchen Brot mit seiner Schwester, denn Gretel hatte ihres auf dem Waldboden verstreut. Stunden verstrichen und bald schon ging die Sonne unter, ohne dass jemand gekommen war, um die armen Kinder zu holen.

Mit Anbruch der Nacht erwachten die wilden Tiere, die tagsüber in ihren Verstecken geschlafen hatten, und erfüllten den Wald mit ihren Rufen. Hänsel bekam es mit der Angst zu tun. Gretel nahm ihn in den Arm und sagte: »Warte, bis der Mond aufgeht. Er wird auf die Brotkrumen leuchten, die ich hinter uns verstreut habe, und uns den Weg nach Hause zeigen.«

Doch als der Mond über ihnen am Himmel erschien, waren die Krumen nirgends zu sehen. Die Vögel des Waldes hatten sie entdeckt und fröhlich aufgepickt.

Gretel war verzweifelt, aber sie wollte ihren kleinen Bruder nicht noch mehr verängstigen. Tapfer sagte sie: »Keine Sorge! Nimm meine Hand, zusammen finden wir schon einen Weg.« Sie liefen und liefen, doch wohin sie auch gingen, sie fanden den Heimweg nicht. Sie hatten sich in der endlosen grünen Wildnis verirrt. Sie liefen die ganze Nacht und den ganzen nächsten Tag hindurch und hielten nur an, um ein paar Beeren zu essen, die sie am Wegesrand fanden. Als sie zu erschöpft waren, um noch einen einzigen Schritt weiterzugehen, ließen sie sich unter einem Baum nieder, kuschelten sich aneinander und waren kurz darauf eingeschlafen.

Am dritten Tag, als die Sonne gerade ihren höchsten Punkt erreicht hatte, kamen sie an ein merkwürdiges kleines Häuschen. Die Wände waren aus Brot gebaut und das Dach aus Kuchen und Keksen. Die Tür war eine riesengroße Tafel Schokolade und die Fenster bestanden aus einer durchsichtigen Zuckerschicht.

Bei diesem Anblick knurrte den Geschwistern der Magen. »Lass uns hingehen und uns satt essen«, sagte Gretel. »Ich bin am Verhungern. Wir haben seit Tagen nichts mehr gegessen. Ich breche mir ein Stück vom Dach ab und du kannst eines der Fenster nehmen, Hänsel. Das ist bestimmt schön süß.« Gretel kaute genüsslich auf ihrem Stück vom Keksdach, und Hänsel wollte sich

gerade über seine dritte Fensterscheibe hermachen, als von drinnen eine Stimme kam:

»Knusper, knusper, knäuschen,
wer knuspert an meinem Häuschen?«

Vor Schreck fiel den Kindern das Essen aus den Händen. Sie hielten den Atem an, als die Tür knarrend aufging und eine alte Frau auf einen knorrigen Stock gestützt aus dem Haus trat. Sie schüttelte den Kopf und fragte: »Na, wo kommt ihr denn her, Kinder? Kommt nur herein und bleibt ein Weilchen. Hier wird es euch gut gehen!«

Sie führte die Geschwister in ihr kleines Häuschen. »Ihr habt sicher Hunger«, sagte sie und brachte ihnen Milch und Berge von Pfannkuchen mit Zucker, Äpfeln und Nüssen. Beim Anblick des Essens vergaßen die Kinder ihre Angst und ließen sich das köstliche Mahl schmecken. Anschließend richtete die alte Frau zwei gemütliche Betten für sie her. Als Hänsel und Gretel sich in die frischen weißen Laken sinken ließen, fühlten sie sich, als wären sie im Himmel. Doch da hatten sie sich getäuscht.

Früh am nächsten Morgen ging die alte Frau, die in Wahrheit eine böse Hexe war, zu den Kindern, die noch in ihren Betten lagen und friedlich schlummerten, um sie sich genauer anzusehen.

»Das wird ein echter Leckerbissen«, murmelte sie freudig vor sich hin.

Dann packte sie den schlafenden Hänsel und sperrte ihn in einen Hundezwinger. Als Nächstes rüttelte sie Gretel wach und keifte: »Steh auf, Faulenzerin! Hol Wasser für den Herd und koch etwas Leckeres für deinen

Bruder. Er sitzt dort drüben im Käfig und soll schön fett werden. Wenn er dick genug ist, werde ich ihn kochen und aufessen!«

Gretel fing an, bitterlich zu weinen, doch sie hatte keine Wahl – sie musste tun, was die böse Hexe von ihr verlangte.

Die Hexe zwang Gretel, die köstlichsten Mahlzeiten für den armen kleinen Hänsel zu kochen, damit er nur ja schnell fett wurde. Sie selbst bekam nur trockenes, hartes Brot.

Jeden Tag ging die Hexe zu Hänsel und befahl: »Steck deinen Finger durch das Gitter. Ich will fühlen, ob du schon fett genug bist.« Doch Hänsel war klug und hielt ihr stattdessen einen kleinen Hühnerknochen hin und die Hexe, die nicht gut sehen konnte, wunderte sich, warum er einfach nicht zunahm.

Als etwa ein Monat vergangen war, verlor die Hexe die Geduld. Sie sagte zu Gretel: »Los, geh Wasser holen! Ob Hänsel nun mager oder fett ist, ich will nicht länger warten. Morgen werde ich ihn töten und kochen. In der Zwischenzeit will ich den Teig für das Brot vorbereiten.«

Zitternd und schluchzend schaffte Gretel das Wasser herbei, in dem ihr kleiner Bruder gekocht werden sollte.

Früh am nächsten Morgen ging sie schweren Herzens nach draußen, machte ein Feuer und hängte den Kessel darüber.

»Du bleibst hier und bringst das Wasser zum Kochen!«, befahl die Hexe. »Ich heize derweil den Ofen an und backe das Brot.«

Gretel stand vor dem Feuer und weinte. Ach, wären wir doch im Wald von wilden Tieren zerrissen worden, dachte sie. Wenigstens wären wir dann zusammen gestorben und uns wäre viel Leid erspart geblieben. Wie soll ich mit dem Wissen weiterleben, dass ich das Wasser erhitzt habe, in dem mein Bruder gegart werden soll?

In dem Moment rief die Hexe aus der Küche: »Gretel, komm sofort her.«

Gretel gehorchte. »Nun schau hinein und sieh nach, ob das Brot schön braun und knusprig ist«, befahl die Hexe. »Meine Augen sind zu schlecht. Wenn du es nicht sehen kannst, setz dich auf den Schieber, dann schiebe ich dich dichter heran.«

Aber Gretel war schlau und erkannte sofort, dass die Hexe vorhatte, sie in den Ofen zu sperren, um sie zu backen und ebenfalls aufzuessen.

Geistesgegenwärtig erwiderte sie: »Ich weiß nicht, wie das geht. Kannst du es mir zeigen?«

Die Hexe keifte: »Du nutzlose Göre! Hier – sieh her! Es ist ganz einfach!« Sie war kaum auf den Schieber gestiegen, da stieß Gretel sie so weit in den Ofen, wie sie konnte. Dann schlug sie die schwere Eisentür hinter ihr zu und verriegelte sie. Die Hexe heulte und schrie, doch Gretel ließ sie verbrennen.

Sie eilte zu Hänsel und öffnete den Käfig. Er sprang hinaus, schlang die Arme um sie und die beiden hielten einander ganz fest. Als sie sich im Haus der toten Hexe umsahen, entdeckten sie, dass diese einen riesigen Schatz darin versteckt hatte: Gold und Juwelen und kostbare Edelsteine. Hänsel und Gretel steckten so viel davon ein, wie sie tragen konnten, und machten sich auf den Heimweg. Diesmal fanden sie ihn sofort.

Als ihre Mutter sie erblickte, war sie überglücklich. Sie hatte keine frohe Stunde gehabt, seit sie ihre Kinder im Wald zurückgelassen hatte. Ihr Mann hatte sie verlassen und sie lebte ganz alleine in dem kleinen Häuschen am Waldrand. Doch nun war sie eine reiche Frau und die Tage des Hungers und der Not waren für immer vorbei.

Die Wichtelmänner

Es war einmal ein Schuster, der sein Leben lang immer hart gearbeitet hatte und doch arm geblieben war. Irgendwann hatte er nur noch genug Leder für ein allerletztes Paar Schuhe.

An diesem Abend schnitt er das Leder sorgfältig zu und legte alles bereit, was er am folgenden Morgen brauchen würde, um die Schuhe fertigzustellen. Dann ging er zu Bett. Trotz seiner Sorgen und Nöte hatte er ein reines Gewissen und war im Nu eingeschlafen.

Als er bei Sonnenaufgang erwachte, wollte er sich sogleich an die Arbeit machen, entdeckte aber zu seiner großen Überraschung, dass die Schuhe bereits fertig waren. Und nicht nur das: Sie waren wunderschön und handwerklich perfekt. Der Schuster war sprachlos. Nicht ein einziger Stich war krumm oder unordentlich ausgeführt. Diese Schuhe waren ein absolutes Meisterwerk! Er konnte sein Glück kaum fassen.

Bald darauf kam ein Kunde in seinen Laden, dem die Schuhe so gut passten, dass er nur zu gern einen höheren Preis dafür bezahlte. Und so hatte der Schuster genügend Geld, um Leder für zwei weitere Paar Schuhe zu kaufen. Wie zuvor schnitt er das Leder am Abend zu und legte alles zurecht, um am Morgen daraus die Schuhe zu machen. Doch als er am nächsten Tag aufstand, warteten zwei ebenso perfekte Paar Schuhe auf ihn.

Wenig später kamen zwei Kunden herein und zahlten großzügig für die Schuhe. Dadurch konnte der Schuster genügend Leder für vier Paar Schuhe kaufen. Er schnitt es sorgfältig zu und ließ es über Nacht auf seiner Werkbank liegen. Wieder standen am nächsten Morgen die fertigen Schuhe dort.

So ging es immer weiter. Was der Schuster am Abend liegen ließ, war am nächsten Morgen fertig. In der Stadt sprach sich herum, was für wunderbare Schuhe es bei ihm zu kaufen gab, und schon bald konnte er bequem davon leben.

Eines Abends, kurz vor Weihnachten, saß der Schuster mit seiner Frau behaglich vor dem Kamin, als er plötzlich sagte: »Ich würde so gern einmal aufbleiben, um zu sehen, wer nachts kommt und die Schuhe für mich macht!« Der Frau gefiel der Gedanke und so ließen sie eine kleine Kerze brennen, versteckten sich in der Werkstatt hinter einem Vorhang und warteten, was geschehen würde.

Um Punkt Mitternacht erschienen wie aus dem Nichts zwei kleine nackte Männlein und machten sich an die Arbeit. Mit ihren winzigen Händen nähten und klopften sie die Lederstücke zu meisterhaften Schuhen und waren dabei

so flink, dass der Schuster mit den Augen kaum hinterherkam. Seine Frau und er konnten sich an dem wundersamen Anblick nicht sattsehen. Als die Schuhe fertig waren, verschwanden die Wichtelmännlein genauso schnell, wie sie gekommen waren.

Es war noch früh am Morgen, lange vor Sonnenaufgang. Die Frau wandte sich an ihren Mann und sagte: »Diese kleinen Männlein haben uns so sehr geholfen. Ist es nicht traurig, dass sie trotz ihrer harten Arbeit keinen Fetzen Kleidung am Leib tragen? Ihnen muss doch schrecklich kalt sein! Ich finde, wir sollten ihnen zum Dank ein paar Kleider schenken. Ich nähe ihnen zwei kleine Hemden, zwei Mäntelchen und zwei Hosen und du machst jedem ein winziges Paar Schuhe.«

Der Schuster war einverstanden. An diesem Abend legte er kein Leder auf die Werkbank, sondern seine Frau und er breiteten liebevoll die Geschenke aus, die sie den Tag über hergestellt hatten. Dann versteckten sie sich erneut hinter dem Vorhang, um zu sehen, wie die Wichtel darauf reagieren würden.

Punkt Mitternacht erschienen die kleinen Männlein und wollten sich fröhlich an die Arbeit machen. Dann entdeckten sie die Kleidungsstücke und Schuhe, die für sie bereitlagen. Sie probierten sie kichernd an und waren außer sich vor Freude, als sie sahen, wie gut sie ihnen passten. Lachend und singend tanzten sie durch die Werkstatt und hinaus in die Nacht.

Danach kamen die Wichtel nie wieder, doch der freundliche Schuster verdiente von nun an immer genug, dass es seiner Frau und ihm an nichts mangelte.

Der König vom goldenen Berg

Es war einmal ein reicher Kaufmann, dem vor nicht allzu langer Zeit ein Sohn geboren worden war. Der Junge war so klein, dass er noch nicht laufen konnte, als sein Vater die schreckliche Nachricht erhielt, dass die Schiffe, die seine Waren in ferne Länder bringen sollten, gesunken waren. Von einem Tag auf den anderen hatte der Kaufmann sein ganzes Hab und Gut verloren, und ihm blieb nichts als ein einzelner Acker draußen vor der Stadt.

Eines Tages, als der Mann wieder einmal verzweifelt auf seinem Acker umherlief, erschien ein Gnom und fragte, was er auf dem Herzen hatte. Der Mann klagte, dass sein gesamtes Vermögen am Grund des Meeres lag, doch der Gnom lachte bloß. »Wenn es weiter nichts ist!«, rief er. »Ich kann dir alle Reichtümer dieser Welt beschaffen. Im Gegenzug musst du mir nur versprechen, dass du mir heute in zwölf Jahren das überlässt, was nachher beim Heimkommen als Erstes dein Bein berührt.«

Das kann nur mein Hund sein, dachte der Kaufmann. So gab er dem Gnom das schriftliche Versprechen, setzte sein Siegel darunter und ging voller Hoffnung nach Hause.

Als er die Tür öffnete, freute sich sein kleiner Sohn so sehr, ihn zu sehen, dass er sich an einer Bank hochzog, mit ungelenken Babyschritten auf ihn zuwackelte und sein Bein umklammerte.

Den Kaufmann packte das Grauen, als er begriff, was er dem Gnom soeben zugesichert hatte. Hastig klopfte er seine Taschen ab, doch sie waren noch genauso leer wie zuvor. Er blickte sich im Haus um, aber auch hier war keine Spur von Reichtum zu erkennen. Der Kaufmann seufzte erleichtert. Wahrscheinlich hatte sich der Gnom lediglich einen Scherz erlaubt.

Einen Monat später stieg der Kaufmann auf den Dachboden, um etwas altes Zinn zusammenzusuchen, das er verkaufen konnte. Stattdessen fand er dort zu seiner großen Freude einen riesigen Haufen Geld. Er investierte es sofort in Waren und seinen Handel und war bald reicher denn je.

Unterdessen wurde sein Sohn von Tag zu Tag größer und klüger. Je näher sein zwölfter Geburtstag rückte, desto nervöser wurde der Kaufmann, bis er ihm schließlich alles erzählte.

»Ach, Vater, kein Grund zur Sorge!«, erwiderte sein Sohn. »Der Gnom kann mir nichts anhaben.«

Als die Zeit gekommen war, gingen sie zusammen hinaus auf den Acker, und der Sohn zog einen Schutzkreis um sich und seinen Vater.

Kurz darauf erschien der Gnom. »Hast du dabei, was du mir versprochen hast?«, fragte er, doch dem Vater hatte es vor Furcht die Sprache verschlagen.

»Was willst du hier?«, entgegnete der Sohn an seiner Stelle.

Der Gnom funkelte ihn wütend an. »Ich spreche mit deinem Vater, nicht mit dir!«

Der Sohn ließ sich davon nicht verunsichern. »Du hast die Not meines Vaters ausgenutzt, um ihn zu betrügen – gib mir den Vertrag!«

»Nein!«, kreischte der Gnom. »Es ist mein gutes Recht, das gebe ich nicht her!«

So stritten sie eine ganze Weile, bis sie sich schließlich darauf einigten, dass der Sohn weder seinem Vater noch dem Gnom gehörte. Stattdessen sollte er in ein kleines Boot steigen und sich darin flussabwärts treiben lassen, wohin auch immer es ihn trug. Der Sohn umarmte seinen Vater zum Abschied und schweren Herzens schob der Vater das Boot aufs Wasser hinaus und beobachtete, wie es langsam davonglitt. Es war noch nicht weit gekommen, als es von einer Welle erfasst wurde und kenterte. Der Vater, der alles hilflos mit angesehen hatte, glaubte, dass sein geliebter Sohn ertrunken war. Mit Tränen in den Augen wandte er sich ab und ging zutiefst betrübt nach Hause.

Das Boot aber richtete sich schnell wieder auf, ohne dass dem Jungen etwas passiert war, und glitt friedlich weiter den Fluss hinab, bis es schließlich an ein fremdes Ufer stieß. Der Junge stieg aus und trat auf warmen, weichen Sand. In der Ferne erspähte er ein wunderschönes Schloss und ging darauf zu.

Beim Eintreten spürte er sogleich, dass das Schloss verwunschen war. Neugierig streifte er durch die vielen Räume, die jedoch alle leer und verlassen waren – bis auf den letzten. Dort fand er eine Schlange, die sich vor ihm auf dem Boden ringelte. Die Schlage war jedoch in Wahrheit eine verzauberte Prinzessin.

»Endlich!«, zischte die Schlange erleichtert. »Zwölf lange Jahre warte ich nun schon darauf, dass jemand kommt und mich erlöst. Ein Bann liegt auf dem ganzen Königreich. Wirst du uns helfen?«

»Wie soll ich das anstellen?«, fragte der Junge mit zitternder Stimme.

»Heute Nacht werden zwölf grausige Männer erscheinen und mit ihren Ketten rasseln. Sie werden dich fragen, was du hier machst, aber du darfst nicht antworten. Dann werden sie dich quälen und schlagen und auf dich

einstechen. Lass es zu und sag kein Wort. Um Mitternacht werden die Männer verschwinden. In der zweiten Nacht werden wieder zwölf Männer erscheinen. Und in der dritten Nacht noch vierundzwanzig mehr. Sie werden dir den Kopf abschlagen, aber auch ihre Kräfte werden um Mitternacht verschwinden. Wenn du es schaffst, all das wortlos über dich ergehen zu lassen, werde ich erlöst. Dann komme ich und bringe dir das Wasser des Lebens, mit dem du wieder heil und gesund wirst.«

»Ich werde den Bann brechen«, versprach der Junge.

Alles geschah so, wie die Prinzessin es beschrieben hatte, doch die Männer mit den Ketten konnten dem Jungen kein Wort entlocken. In der dritten Nacht war der Spuk um Punkt Mitternacht vorbei. Die Schlange verwandelte sich in die Prinzessin zurück. Wie versprochen, erweckte sie den Jungen mit dem magischen Wasser wieder zum Leben. Die beiden umarmten sich glücklich und wurden im ganzen Palast bejubelt und gefeiert. Gemeinsam wuchsen sie heran und verliebten sich ineinander. Als sie alt genug waren, heirateten sie und wurden zum König und zur Königin vom goldenen Berg gekrönt. Bald darauf brachte die Königin einen wunderschönen Jungen zur Welt.

So vergingen acht glückliche Jahre, bis dem König sein armer Vater wieder einfiel und ihn das überwältigende Bedürfnis überkam, ihn wiederzusehen. Die Königin hatte ein ungutes Gefühl dabei. »Bitte geh nicht«, warnte sie. »Ich fürchte, es droht uns großes Unheil.« Aber die Sehnsucht des Königs war so groß, dass sie sich zu guter Letzt doch überreden ließ.

Bevor er aufbrach, gab die Königin ihm einen magischen Ring. »Steck ihn dir an den Finger, dann bringt er dich, wohin du willst. Aber du musst mir versprechen, dass du ihn niemals benutzt, um mich zu deinem Vater zu wünschen. Damit forderst du nur das Schicksal heraus.«

Der König versprach es ihr, steckte den Ring an seinen Finger und wünschte sich nach Hause. Augenblicklich wurde er auf den Acker vor der Stadt versetzt, der seinem Vater gehörte. Doch als er auf das Stadttor zuging, sahen die Wachleute seine prächtige Kleidung, die so ganz anders war als alles, was sie kannten, und verweigerten ihm den Zutritt.

Der König ließ sich davon nicht unterkriegen. Er stieg auf einen Hügel, wo er einen Hirten fand, mit dem er kurzerhand die Kleidung tauschte. Diesmal ließen ihn die Wachen problemlos durch. Er fand den Weg zurück zu seinem Elternhaus, aber als er dort ankam, wollte sein Vater nicht glauben, dass der Mann, der vor ihm stand, sein Sohn war. Er beharrte darauf, dass dieser vor vielen Jahren ertrunken war; das hatte er mit eigenen Augen gesehen. Dennoch hatte der alte Kaufmann Mitleid mit dem Fremden und bot ihm einen Schlafplatz und etwas zu essen und zu trinken an.

Als sie gemeinsam am Tisch saßen, fragte der junge Mann seine Eltern: »Hatte euer Sohn denn kein Geburtsmal, an dem ihr ihn erkennen könntet?«

»Doch«, antwortete sein Vater. »Unser Sohn hatte ein himbeerrotes Mal unter dem rechten Arm.«

Daraufhin streifte er sein Hemd zurück, zeigte ihnen das Mal und wurde von seinen überglücklichen Eltern in die Arme geschlossen. Anschließend erzählte er, dass er eine Prinzessin geheiratet hatte, zum König vom goldenen Berg gekrönt worden und selbst Vater eines wunderschönen Jungen war.

Der Vater, der ihn in der schäbigen Kleidung des Hirten sah, glaubte ihm nicht. Darüber ärgerte sich der Sohn so sehr, dass er sein Versprechen vergaß, und seine Familie herbeiwünschte. Wenige Sekunden später standen beide vor ihm. Die Königin brach in Tränen aus und schimpfte mit ihm, weil er seinen Eid gebrochen hatte. Zerknirscht bat sie der König um Verzeihung. Er beteuerte, dass es sich um ein Versehen handelte, und die Königin gab schließlich vor, ihm zu glauben. Innerlich kochte sie jedoch vor Wut.

Der König führte seine Frau hinaus auf den Acker am Fluss, um ihr zu zeigen, wo seine Reise viele Jahre zuvor begonnen hatte. »Ich bin erschöpft«, sagte er. »Lass uns ein wenig ausruhen.« Er legte seinen Kopf auf ihren Schoß und schlief beinahe sofort ein. Als sie sich sicher war, dass er tief und fest schlummerte, zog ihm die Königin den Ring vom Finger. Sie drückte ihren Sohn an sich und wünschte sich mit ihm zurück nach Hause.

Der König erschrak, als er aufwachte und ganz alleine war, ohne den Ring an seinem Finger. »So kann ich unmöglich zu meinem Vater zurückkehren«, murmelte er. »Er hält mich für einen Hexenmeister und wirft mich aus dem Haus.« Also machte er sich auf den Rückweg zum goldenen Berg.

Nachdem er eine Weile gegangen war, kam er an einen Hügel, vor dem drei Riesen standen und sich stritten. Als sie ihn sahen, riefen sie: »Komm mal her, kleiner Mann! Ihr Menschen seid doch so klug. Kannst du uns helfen, unser Erbe aufzuteilen? Wir haben ein Schwert, das allen in der Nähe den Kopf abschlägt, wenn man ihm befiehlt: ›Alle Köpfe ab, nur meinen nicht.‹ Außerdem haben wir einen Mantel, der unsichtbar macht. Und ein Paar Stiefel, die denjenigen, der sie trägt, im Nu überallhin versetzen, wo er sein möchte.«

Der König witterte eine günstige Gelegenheit. Er antwortete: »Aber sicher, ich helfe euch gern! Dafür muss ich mir die Gegenstände allerdings genauer

ansehen. Nur so kann ich feststellen, ob sie wirklich das vollbringen können, was ihr behauptet. Wir wollen ja nicht, dass einer von euch übers Ohr gehauen wird.«

Die Riesen gaben ihm den Mantel, und er hängte ihn sich um. Sofort wurde er unsichtbar. Als Nächstes bat er sie um das Schwert. Die Riesen wollte es erst nicht rausrücken, weil sie fürchteten, dass er es gegen sie wenden könnte. Schließlich einigten sie sich darauf, dass er es an einem Baum ausprobieren würde. Der König suchte sich eine riesige Eiche aus und fällte sie so mühelos wie einen Grashalm.

Zu guter Letzt ließ er sich die Stiefel geben. Obwohl die Riesen ein wenig besorgt waren, dass er damit abhauen und sie um ihr ganzes Erbe bringen könnte, beschlossen sie, ihm zu vertrauen, und händigten ihm die Stiefel aus. Doch sobald er sie angezogen hatte, wünschte er sich zum goldenen Berg zurück. Die Riesen tobten vor Wut, konnten aber nichts dagegen ausrichten.

Als er auf das Schloss zuging, hörte der König schon von Weitem die Stimmen und Geräusche eines rauschenden Fests. Er hängte sich den Tarnumhang um und gelangte ungesehen in den Bankettsaal ... nur um bestürzt festzustellen, dass seine Frau gerade Hochzeit mit einem anderen Mann feierte.

Wütend und enttäuscht schlich er zu ihr und stellte sich heimlich hinter ihren Stuhl. Jedes Mal, wenn sie sich etwas zu essen nahm, stibitzte er es von ihrem Teller, und jedes Mal, wenn sie sich etwas zu trinken einschenkte, stahl er ihr das Glas. Die Königin wusste nicht, wie ihr geschah. Beschämt sprang sie auf und eilte in ihr Zimmer, wo sie in Tränen ausbrach. »Bin ich denn immer noch verflucht?«, klagte sie. »Ist mein Erlöser etwa nie gekommen?«

Da warf der König, der ihr nachgelaufen war, den Mantel ab und schrie: »Dein Erlöser steht vor dir, du Betrügerin!« Dann stürmte er in den Bankettsaal zurück und donnerte: »Die Hochzeit ist vorbei, der wahre König ist heimgekehrt!«

Die adligen Gäste lachten jedoch nur über den zerlumpten Schafhirten und befahlen den Wachen, ihn festzunehmen. Erbost zog der König das Schwert und schrie: »Alle Köpfe ab, nur meinen nicht!«

So geschah es, dass er allein noch übrig war, Herrscher und König vom goldenen Berg.

Rapunzel

In einem kleinen Häuschen lebten ein Mann und eine Frau, die sich sehnlichst ein Kind wünschten. Viele Jahre hofften sie vergeblich, doch dann wurde die Frau schließlich schwanger. Sie war überglücklich, als sie erkannte, dass ihr Wunsch in Erfüllung gegangen war und sie ein Kind unter dem Herzen trug.

Als der Tag der Geburt näher rückte, saß die Frau gern an dem kleinen Fenster auf der Rückseite ihres Häuschens, durch das sie den verborgenen Garten ihrer Nachbarin sehen konnte. Dieser Garten war wild und voll wunderschöner, seltener Blumen und Heilkräuter. Er war von einer undurchdringlichen Hecke aus Dornenranken umgeben und niemand hatte je gewagt, ihn zu betreten, denn es hieß, er gehöre einer mächtigen Hexe.

Jeden Tag saß die Frau vor dem kleinen Fenster und erfreute sich an dem geheimnisvollen Garten. Dabei fiel ihr Blick auf eine wunderschöne Blume, die im Licht der untergehenden Sonne leuchtete.

Je länger sie die goldenen Blütenblätter ansah, desto größer wurde ihr Verlangen danach. Es fühlte sich an, als würde ihr Leben und das ihres ungeborenen Kindes von den wundersamen Blumen abhängen. Sie wurde von Tag zu Tag ruheloser und unglücklicher.

Ihr Mann fing an, sich Sorgen um sie zu machen, und fragte: »Was ist denn los, mein Schatz?«

»Es geht mir gar nicht gut«, klagte sie. »Ich fühle, dass ich sterben werde, wenn ich nicht ein paar von diesen wilden Pflanzen mit den leuchtenden Blütenblättern bekomme, die in dem Garten hinter unserem Haus wachsen. Und wenn ich sie nicht bald bekomme, stirbt unser Kind mit mir!«

Dem Mann blieb keine andere Wahl. Er wartete bis zur Dämmerung, dann kletterte er aus dem Fenster in den geheimen Garten und pflückte hastig einige der verbotenen Pflanzen.

Die Frau bereitete sich einen Salat daraus zu und genoss jeden Bissen. Tief in ihrem Inneren spürte sie, dass sie noch mehr davon brauchte, wenn sie ein gesundes Kind zur Welt bringen wollte. Und so kletterte ihr Mann bei Anbruch der Abenddämmerung erneut in den Garten hinaus.

Diesmal achtete er darauf, alle goldenen Blüten mitzunehmen, die er im Licht der untergehenden Sonne finden konnte.

Doch als er in sein Häuschen zurückkehren wollte, erschrak er. Die alte Frau, die Hexe, stand plötzlich vor ihm. Sie funkelte ihn erbost an und schrie: »Wie kannst du es wagen, dich wie ein Dieb in meinen Garten zu schleichen und meine kostbaren Pflanzen zu stehlen?«

»Bitte«, flehte er, »hab Erbarmen! Ich habe diese Blumen aus reiner Not gepflückt. Meine Frau steht kurz vor der Geburt unseres Kindes und verspürt ein unstillbares Verlangen danach. Sie sagt, wenn ich sie ihr nicht bringe, stirbt sie und mit ihr unser ungeborenes Kind. Ich habe keine Wahl!«

Die Hexe ließ sich seine Worte durch den Kopf gehen. Schließlich erwiderte sie: »Wenn es stimmt, was du sagst, hat sie die Kräfte dieser Pflanze tatsächlich nötig. Aber sie wird auch meine Fähigkeiten als Heilerin brauchen. Ich komme sofort und tue, was ich kann, um das Kind gesund auf die Welt zu holen. Allerdings habe ich eine Bedingung: Wenn Mutter und Kind beide überleben, darfst du deine geliebte Frau behalten, das Kind jedoch überlasst ihr mir. Ich werde wie eine Mutter für das Kind sorgen. Es soll Rapunzel heißen, denn das ist der Name der Blume, die du gestohlen hast.«

Aus Angst, seine Frau und sein Kind zu verlieren, stimmte der Mann zu.

Die Hexe hielt ihr Versprechen und half, das Kind, ein kleines Mädchen, gesund auf die Welt zu bringen. Dann nahm sie es mit.

Rapunzel wuchs zu einem gesunden und warmherzigen Mädchen heran. Sie hatte unglaublich goldene Locken, die wie die Blumen leuchteten, die ihr Vater gestohlen hatte. Doch als sie zwölf wurde, fing sie an, Fragen zu stellen, wie es außerhalb des Hauses und des Gartens aussah, die ihre kleine Welt waren.

Das gefiel der alten Frau gar nicht – sie wollte Rapunzel mit niemandem teilen. Und so sperrte sie das Mädchen in einen Turm im tiefsten Wald. Der Turm hatte keine Türen und keine Treppen, nur ein kleines Fenster hoch oben über den Baumwipfeln.

Jeden Tag kam die alte Frau, um nach Rapunzel zu sehen. Sie stellte sich unter das Fenster und rief:

»Rapunzel, Rapunzel,
lass dein Haar herunter!«

Sobald Rapunzel die Stimme der alten Frau hörte, löste sie ihre Zöpfe und ließ ihr Haar aus dem Fenster hängen. Es strömte auf den Waldboden hinab wie ein glitzernder Bach im Sommersonnenschein. Daran kletterte die Hexe zu ihr hinauf.

Abgesehen von diesen täglichen Besuchen war Rapunzel Tag und Nacht allein im Turm. Um sich die Zeit zu vertreiben, fing sie an zu singen. Ihre Lieder schallten durch das endlose Grün des Waldes wie der Gesang einer Meerjungfrau über das Meer und kündeten weithin von ihrer Traurigkeit.

Die Tiere des Walds kamen, um ihr zu lauschen, und mit den Jahren kannten sie alle so gut, dass Rapunzel für jedes von ihnen ein eigenes Lied hatte.

Eines Tages ritt ein Prinz durch den Wald. Auf einmal vernahm er einen so lieblichen Gesang, dass er anhielt, um zuzuhören. Er folgte der Melodie, bis ihn die sanften Töne zu dem Turm führten. Vergeblich suchte er nach einem Eingang, denn es gab keine Tür und das kleine Fenster hoch über den

Baumwipfeln konnte er nicht sehen. Als der Gesang endete, ritt er enttäuscht nach Hause.

Doch Rapunzels Lied hatte ihn tief in seinem Innersten berührt. Er konnte nicht anders, als Tag für Tag zurückzukehren, um es sich anzuhören. Dabei fiel ihm auf, dass jedes Mal ein anderes Tier vor dem Turm zu sitzen und eine Art Zwiegespräch mit der Sängerin zu halten schien. Er wurde immer neugieriger, wer wohl darin wohnte.

Eines Tages sah er, wie eine alte Frau zum Turm ging, und hörte sie rufen:

»Rapunzel, Rapunzel,
lass dein Haar herunter!«

Staunend beobachtete er, wie sich ein Wasserfall aus goldenen Locken über die Turmmauer ergoss. Ihm stockte der Atem, als die alte Frau danach griff und daran hochstieg, und er dachte bei sich: Dort oben lebt ein Mädchen namens Rapunzel. Ich werde hinaufklettern und mir erzählen lassen, warum sie so traurig ist.

Am nächsten Tag ging er bei Sonnenuntergang zum Turm und rief:
»Rapunzel, Rapunzel,
lass dein Haar herunter!«

Doch die Haare fielen nicht.
Er versuchte es erneut:
»Rapunzel, Rapunzel,
bitte … lass dein Haar herunter!«

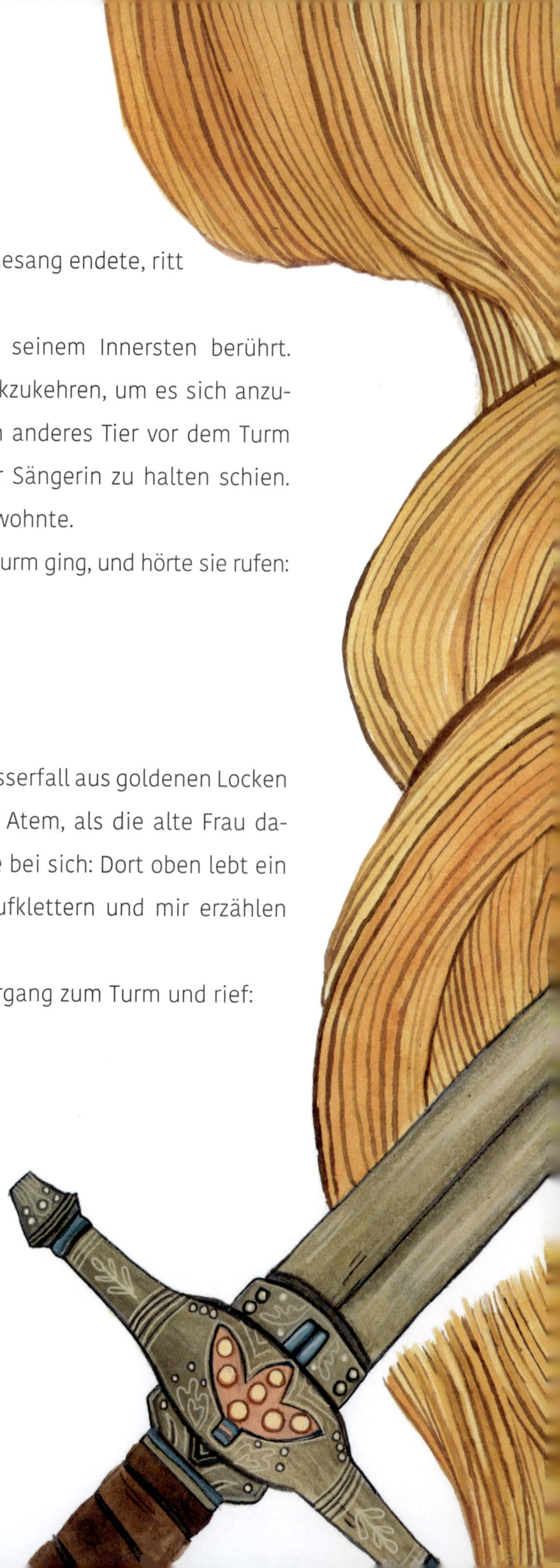

Anstelle der Haare kam von oben eine Stimme: »Wer bist du?« Freundlich antwortete der Prinz, wie sehr ihn ihr Lied berührt hatte und dass er sie unbedingt kennenlernen wollte.

Er erzählte ihr von der Welt draußen vor dem Garten und dem Turm und Rapunzel lauschte fasziniert. Mit der Zeit fasste sie Vertrauen zu ihm und ließ ihn schließlich ihr Haar hinaufsteigen. Als er vor ihr stand, wusste sie im ersten Moment nicht, was sie denken sollte, denn sie hatte noch nie zuvor einen Mann gesehen. Aber er war so nett und so ein guter Gesprächspartner, dass sie sich bei ihm ganz sicher fühlte. Und dann war da noch ein anderes, neues Gefühl: wie helle Sonnenstrahlen, die ihre Haut wärmten, oder ein Schwarm bunter Schmetterlinge, die in ihrem Bauch umherflatterten. Zum ersten Mal in ihrem Leben war sie glücklich.

Und nun, da sie einen echten Freund gefunden hatte, erkannte Rapunzel plötzlich, dass die alte Hexe ihr keine Freundin war.

Der Prinz nahm Rapunzels Hand und fragte: »Liebst du deine Haare mehr als deine Freiheit?« Sie antwortete: »Nein, auf keinen Fall.« Noch an diesem Abend beschlossen sie, zu fliehen. Rapunzel knotete die Enden ihrer Haare an den Fensterläden fest und hangelte sich daran langsam nach unten. Dann folgte ihr der Prinz ein letztes Mal den Strang aus goldenen Haaren hinab.

Dabei verlor er jedoch den Halt und stürzte in einen Dornenbusch, der ihm die Augen so schlimm zerstach, dass er blind wurde. »Nimm mein Schwert und schneide deine Haare ab, damit du frei bist und fliehen kannst«, rief er unter Schmerzen. »Ich hätte es für dich getan, aber ich kann nichts mehr sehen. Lass mich hier zurück und lauf davon, so schnell du kannst!«

Rapunzel zog sein Schwert und schnitt sich die langen blonden Locken ab. Sie war frei.

In dem Moment trat die alte Frau aus ihrem Versteck hinter dem Turm. Ihre Augen blitzten wütend. »Wie kannst du es wagen, mir mein Rapunzel zu stehlen!«, schrie sie den Prinz an.

Doch Rapunzel stellte sich ihr mit erhobenem Schwert in den Weg und verkündete: »Ich war niemals dein Rapunzel!«

Dann fasste sie den Prinzen bei der Hand und die beiden liefen los. Weil er aber nichts sehen konnte, geriet er immer wieder ins Stolpern und jedes Mal kam ihnen die Hexe, die ihnen nachjagte, ein Stück näher.

Rapunzel packte seine Hand noch fester. So rannten sie die ganze Nacht hindurch, bis sie völlig entkräftet zu Boden sanken. Rapunzel begann zu weinen. Weil sie sich nicht anders zu trösten wusste, stimmte sie ein trauriges Lied an. Damit führte sie die Hexe jedoch geradewegs zu ihnen.

Aber noch waren sie nicht verloren. Denn ihr Gesang rief nicht nur die Hexe herbei, sondern auch den Bären und den Wolf, den Raben und die Ratte und all die anderen Tiere des Waldes, die ihre verzweifelte Klage hörten. Rapunzel spürte ihre Wärme, als sich die Tiere wie ein lebender Schutzschild um sie und ihren Prinzen scharten. Sie hatte gar nicht gewusst, wie viele Freunde sie hier draußen im Wald hatte.

Die Tiere flogen und sprangen auf und stürzten sich mit Schnäbeln, Zähnen und Klauen auf die alte Hexe. Dann schleifen sie sie davon, und sie wurde nie mehr gesehen.

Rapunzel schlang die Arme um den Prinzen und weinte bitterlich. Als er ihre Tränen spürte, begann er ebenfalls zu weinen. Seine und ihre Tränen vermischten sich und benetzten ihre Gesichter wie frischer Morgentau. Dabei gerieten sie auch in seine Augen – und plötzlich konnte er wieder sehen. Er war geheilt! Rapunzel und der Prinz schauten einander tief in die Augen und zum ersten Mal in ihrem Leben erblickten sie darin eine gemeinsame Zukunft.

Die Bremer Stadtmusikanten

Es war einmal ein alter Esel, der sein Leben lang hart gearbeitet hatte. Tagein, tagaus hatte er schwere Getreidesäcke zur Mühle geschleppt. Doch nun ließen seine Kräfte nach und er konnte immer weniger tragen. Sein Besitzer hatte vor, ihn zum Schlachter zu bringen, aber der Esel witterte die Gefahr, die wie ein beißender Gestank über der Mühle hing, und nahm Reißaus. Er machte sich auf nach Bremen, um dort Stadtmusikant zu werden.

Nachdem er eine Weile unterwegs war, traf er einen Jagdhund, der hechelnd und keuchend am Straßenrand lag. »Warum bist du so außer Atem, Freund Pfote?«, fragte der Esel.

»Wie du siehst, bin ich schon alt, genau wie du«, antwortete der Hund. »Und ich werde jeden Tag schwächer. Mein Herrchen wollte mich töten, weil ich für die Jagd nicht länger zu gebrauchen bin. Also bin ich davongelaufen. Aber nun liege ich hier und weiß nicht, wohin oder wie ich mir meine nächste Mahlzeit verdienen kann!«

»Genau dasselbe ist auch mir passiert«, erklärte der Esel. »Jetzt bin ich auf dem Weg ins wunderschöne Bremen, um Stadtmusikant zu werden. Wie wär's, wenn du mich begleitest? Ich spiele die Laute und du kannst dazu trommeln.«

»Was für eine tolle Idee!«, bellte der Hund und gemeinsam liefen sie weiter.

Bald darauf begegneten sie einer Katze, die am Straßenrand saß und ein Gesicht wie drei Tage Regenwetter machte. »Warum so betrübt, Freundin Schnurrhaar?«, fragte der Esel.

»Wie könnte ich glücklich sein, wo mir die Menschen nach dem Leben trachten?«, jammerte die Katze. »Ich werde langsam alt und meine Zähne sind nicht mehr das, was sie mal waren. Ich liege lieber den ganzen Tag am Feuer und schlafe, statt Mäuse zu jagen. Das hat meinem Frauchen gar nicht gefallen. Sie wollte mich im Fluss ertränken, daher bin ich davongelaufen. Jetzt weiß ich nicht, was aus mir werden soll.«

»Komm mit nach Bremen. Du bist es gewohnt, von den Dächern zu singen. Warum wirst du nicht Stadtmusikantin wie wir?«

»Was für eine tolle Idee!«, sagte die Katze und die drei setzten sich in Bewegung.

Wenig später kamen die drei Wanderer an einen Bauernhof, auf dessen Tor ein Hahn saß und aus vollem Hals krähte.

»Dein Geschrei geht einem ja durch Mark und Bein!«, meinte der Esel. »Was ist los?«

»Morgen ist Sonntag und die Bäuerin hat Besuch eingeladen. Sie hat der Köchin gesagt, dass sie mich ihren Gästen zum Essen auftischen will! Heute Abend schlagen sie mir den Kopf ab, darum krähe ich lauthals, solange ich noch kann!«

»Nein, nein, nein, Freund Rotkamm!«, rief der Esel. »Rette dein Leben und komm mit uns. Wir sind auf dem Weg nach Bremen, um Stadtmusikanten zu werden. Du hast eine fantastische Stimme, du könntest unser Sänger sein!«

»Was für eine tolle Idee!«, erwiderte der Hahn und zu viert zogen sie weiter.

Bremen war jedoch mehr als eine Tagesreise entfernt. Als sie gegen Abend an einem Wald vorbeikamen, beschlossen sie, die Nacht im Schutz eines großen Baumes zu verbringen. Der Esel und der Hund ließen sich zwischen den Wurzeln nieder, die Katze rollte sich auf einem der Äste zusammen und der Hahn flog in den Wipfel hinauf. Von dort oben erspähte er in der Ferne ein schwaches Licht. Er rief seinen Freunden zu, dass dort vielleicht ein Haus zu finden wäre.

»Lasst uns hingehen«, riet der Esel. »Sehr gemütlich ist es hier nicht!«

»Und ich könnte einen Knochen mit etwas Fleisch zum Abnagen vertragen!«, kläffte der Hund.

»Und ich ein Feuer, an dem ich mich wärmen kann«, maunzte die Katze.

Und so machten sie sich auf den Weg zu dem entfernten Licht inmitten des Waldes, bis sie vor einem hell erleuchteten Häuschen standen.

Der Esel, der von den vieren am größten war, schlich zum Fenster und lugte hinein.

»Was siehst du, Langohr?«, fragte die Katze.

»Einen Tisch voll mit köstlichen Speisen und Getränken … und eine Horde Räuber, die es sich tüchtig schmecken lassen.«

»Ich glaube, uns würde es sogar noch besser schmecken!«, meinte der Hahn.

»I-aah! Ich wünschte, wir würden dort sitzen«, seufzte der Esel.

Gemeinsam tüftelten die Tiere einen Plan aus, um die Räuber aus dem Haus zu vertreiben. Dann stellte der Esel die Vorderhufe auf das Fenstersims, der Hund stieg auf seinen Rücken, die Katze kletterte auf die Schultern des Hundes und der Hahn flatterte auf und ließ sich auf dem Kopf der Katze nieder.

Als sie bereit waren, gaben sie einander das Startzeichen und stimmten einen schauerlichen Gesang an: Der Esel kreischte, der Hund bellte, die Katze miaute und der Hahn krähte, was das Zeug hielt. So sprangen sie durch das Fenster und landeten mit viel Getöse im Inneren des Hauses.

Die Räuber fuhren entsetzt von ihren Stühlen hoch, denn sie glaubten, ein schrecklicher Geist treibe in ihrem Haus sein Unwesen. So schnell sie nur konnten, flohen sie nach draußen in den Wald.

Die vier Stadtmusikanten ließen sich am Tisch nieder und aßen sich so satt wie lange nicht mehr. Glücklich löschten sie das Licht und jeder suchte sich einen gemütlichen Schlafplatz nach seinem Geschmack. Der Esel bettete sich auf einen Heuhaufen im Hof, der Hund legte sich vor die Hintertür, die Katze rollte sich vor der warmen Glut des Feuers zusammen und der Hahn flog hinauf in die Dachbalken. Schon bald schliefen sie tief und fest.

Es war bereits nach Mitternacht, als die Räuber feststellten, dass im Haus kein Licht mehr brannte. Vorsichtig schlichen sie näher. Alles schien ruhig zu sein. »Wir hätten uns nicht so leicht vertreiben lassen sollen!«, sagte ihr Anführer und schickte einen seiner Männer los, um nachzusehen, ob die Luft rein war.

Als der Räuber eintrat, war es im Haus ganz still. Erleichtert ging er weiter in die Küche, um das Feuer wieder anzuzünden. Die Katze schlug die Augen auf und weil sie im Dunkeln leuchteten, hielt der Räuber sie für glühende Kohlen und wollte sein Streichholz daran entfachen. Das gefiel der Katze gar nicht. Fauchend stürzte sie sich auf ihn und zerkratzte ihm mit ihren Krallen das Gesicht. Der Räuber, der um sein Leben fürchtete, rannte zur Hintertür, um sich in Sicherheit zu bringen. Dabei stolperte er jedoch über den schlafenden Hund, der aufsprang und ihn ins Bein biss. Der Räuber schrie auf und floh über den Hof, geradewegs auf den Esel zu, der ihm einen kräftigen Tritt in den Hintern verpasste. Von all dem Lärm wurde auch der Hahn wach. Er richtete sich auf seinem Balken auf und krähte aus vollem Hals: »Ki-keri-ki!«

Verängstigt, verdroschen und voller Kratz- und Bisswunden rannte der Räuber zu seinem Hauptmann zurück und rief: »In unserem Haus lauert eine grausige Hexe. Sie hat mich angespuckt und mir das Gesicht mit ihren scharfen Nägeln zerkratzt. An der Hintertür stand ein Mann, der mir ein Messer ins Bein gestoßen hat. Und im Hof haust ein großes pelziges Ungeheuer, das mich mit einem hölzernen Knüppel geschlagen hat. Im Gebälk saß der Richter höchstpersönlich und schrie: ›Tötet den Dieb!‹ Da bin ich geflohen, so schnell ich nur konnte.«

Danach trauten sich die Räuber nie mehr in ihr Haus zurück. Den vier Stadtmusikanten gefiel es jedoch so gut, dass sie beschlossen, dort bis ans Ende ihrer Tage zu bleiben.

Der Fischer und seine Frau

Es waren einmal ein Fischer und seine Frau, die in einer winzigen Hütte am Meer lebten. Jeden Tag setzte sich der Fischer mit seiner Angel ans Ufer und blickte auf das ruhige, klare Wasser hinaus.

Eines Tages jedoch gab es plötzlich einen kräftigen Ruck, und die Angelschnur wurde bis auf den Meeresgrund hinabgezogen. Als er sie einholte, hing ein riesiger Butt am Haken. »Bitte mach mich los«, sagte der Butt zu ihm. »Ich bin kein Fisch, sondern ein verzauberter Prinz. Bitte setz mich zurück ins Wasser und lass mich frei.«

»Mir würde im Traum nicht einfallen, einen sprechenden Fisch zu essen«, erwiderte der Fischer und setzte den Butt vorsichtig zurück ins Wasser. Er sah zu, wie der Butt davonschwamm, wobei er eine feine Blutspur hinter sich herzog.

Der Fischer ging zu seiner Frau nach Hause und erzählte ihr, was passiert war.

»Aber warum hast du dir denn nichts gewünscht?«, fragte sie. »Jeder weiß doch, dass man sich von einem magischen Wesen etwas wünschen darf!«

»Und was hätte ich mir wünschen sollen?«, entgegnete er.

»Ist es dir nicht auch zuwider, in dieser ekligen, stinkenden Hütte zu hausen? Du hättest dir ein hübsches kleines Häuschen für uns wünschen können. Na los, geh zurück und frag ihn!«

Obwohl der Fischer es nicht richtig fand, tat er, was seine Frau ihm aufgetragen hatte. Als er ans Ufer kam, war das Meer grün und gelb und nicht mehr so klar wie noch am Morgen. Er stellte sich hin und rief:

»Manntje, Manntje, timpe te,
Buttje, Buttje in der See,
meine Frau, die Ilsebill,
will nicht so, wie ich gern will.«

Der Butt schwamm zu ihm herauf. »Was will sie denn?«, fragte er.

»Sie meint, ich hätte mir etwas wünschen sollen, als ich dich gefangen und wieder freigelassen habe. Ihr gefällt unsere kleine Hütte nicht, sie würde lieber in einem kleinen Fischerhäuschen wohnen.«

»Geh nur«, sagte der Butt. »Sie hat es schon.«

Bei seiner Ankunft fand der Mann dort, wo die alte, schäbige Hütte gestanden hatte, ein wunderschönes Häuschen. Seine Frau saß freudestrahlend auf einer Bank vor der Tür. Als sie ihn erblickte, rief sie aufgeregt: »Komm und sieh dir das an!«

Tatsächlich war alles viel gemütlicher als vorher. Es gab einen schönen warmen Kamin, ein hübsches kleines Schlafzimmer und sogar eine eigene Küche. Hinter dem Häuschen lagen ein kleiner Hof, in dem sich Hühner und Ziegen tummelten, und ein Garten voll Obst und Gemüse.

»Ist das nicht wundervoll?«, fragte die Frau.

»Es ist perfekt«, antwortete der Fischer lächelnd. »Hier werden wir sehr glücklich sein.«

Ihr Glück hielt etwa eine Woche. Dann wandte sich die Frau wieder an ihren Mann. »Hör zu«, sagte sie. »Das Häuschen ist viel zu klein für uns, und der Garten auch. Ich brauche etwas Größeres. Geh zurück zum Meer und bitte den Fisch um ein Schloss.«

»Oh nein!«, rief der Fischer. »Das Häuschen ist genau richtig. Es wäre unhöflich, noch mehr zu verlangen.«

»Wer will denn nicht in einem Schloss wohnen?«, entgegnete die Frau. »Na los, frag ihn. Er wird es dir sicher nicht verwehren!«

Schweren Herzens ging der Fischer zum Meer zurück. Diesmal war das Wasser violett, dunkelblau und grau. Widerstrebend stellte der Fischer sich hin und rief:

»Manntje, Manntje, timpe te,
Buttje, Buttje, in der See,
Meine Frau, die Ilsebill,
will nicht so, wie ich gern will.«

»Was will sie denn?«, fragte der Butt.

»Ach«, klagte der Fischer, »jetzt will sie ein großes steinernes Schloss.«

»Geh nur, sie hat es schon.«

Als der Fischer heimkehrte, stand seine Frau auf den Stufen vor einem riesigen Schloss.

»Ist das nicht prächtig?«, rief sie und nahm ihn an der Hand. Gemeinsam betraten sie das Schloss, wo sie von zahlreichen Bediensteten empfangen wurden. Diese führten sie durch große, reich verzierte Säle mit goldenen Möbeln und kunstvoll geknüpften Wandteppichen. Auf der Rückseite des Schlosses befand sich ein geräumiger Stall für Pferde und Kühe, und dahinter erstreckte sich ein herrlicher Park voll üppiger Obstbäume und wunderschöner Blumen. Rehe und Schafe spazierten friedlich grasend darin umher.

»Das nenne ich erlesen!«, verkündete die Frau.

»Allerdings«, stimmte der Fischer ihr zu. »Nun lass es uns genießen und zufrieden sein.«

»Ich schlage vor, wir schlafen eine Nacht darüber«, antwortete die Frau. Und damit gingen sie zu Bett.

Am nächsten Tag erwachte die Frau bei Sonnenaufgang und trat ans Fenster. Sie ließ den Blick über die traumhafte Landschaft schweifen.

»Wach auf!«, rief sie ihrem Mann zu. »Wir könnten König und Königin über das ganze Land sein.«

»Aber ich will kein König sein«, widersprach der Fischer.

»Du vielleicht nicht, aber ich schon. Los, geh und sprich mit dem Butt!«

Dem Mann behagte das alles gar nicht, doch er tat, was seine Frau von ihm verlangte. Als er ans Meer kam, war das Wasser schwarz und grau und deutlich aufgewühlter als beim letzten Mal. Er stellte sich hin und rief:

»Manntje, Manntje, timpe te,
Buttje, Buttje, in der See,
meine Frau, die Ilsebill,
will nicht so, wie ich gern will!«

»Was will sie denn?«, fragte der Butt.

»Sie möchte Herrscherin über das ganze Land sein.«

»Geh nur«, sagte der Butt. »Sie ist es schon.«

Als der Mann sich dem Schloss näherte, erkannte er, dass es noch viel größer geworden war. Es gab zahlreiche aufsehenerregende Erker und Türmchen und ein großes Tor, das von Wachleuten flankiert wurde. Fanfaren erklangen zu seinen Ehren. Er fand seine Frau auf einem goldenen Thron, mit einer edelsteinbesetzten Krone auf dem Kopf. Links und rechts von ihr standen Diener, einer immer etwas kleiner als der andere.

»So, nun bist du also Königin«, sagte der Fischer traurig.

»Ja«, antwortete seine Frau. »Ich bin Königin!«

Der Mann wartete darauf, dass sie noch mehr sagte, aber sie schwieg.

»Jetzt hast du doch sicherlich alles, was du dir wünschst?«, fragte er.

Seine Frau sah ihn an und erwiderte: »Nein, ich bin es bereits leid. Geh zurück zum Butt, ich möchte Kaiserin sein.«

»Ach, Frau, es kann nur einen Kaiser geben. Den Wunsch kann dir der Butt bestimmt nicht erfüllen.«

»Wenn er mich zur Königin machen kann, kann er mich auch zur Kaiserin machen!«, schrie sie. »Geh jetzt. Als deine Königin befehle ich es dir!«

Mit hängenden Schultern stapfte der Mann zum Meer zurück. Das ist nicht richtig!, dachte er bei sich.

Als er ans Ufer trat, toste die See und war tiefschwarz. Der Wind peitschte ihm ins Gesicht, als wollte er ihn für das bestrafen, was er vorhatte. Ängstlich ging der Mann auf die Knie und rief:

»Manntje, Manntje, timpe te,
Buttje, Buttje, in der See,
Meine Frau, die Ilsebill,
will nicht so, wie ich gern will.«

»Was will sie denn?«, fragte der Fisch.

»Ich traue mich kaum, es zu sagen ... Sie wünscht sich, Kaiserin zu sein!«

»Geh nur, sie ist es schon.«

Als der Mann zurückkehrte, ragte vor ihm der prachtvollste Palast empor, den man sich nur vorstellen konnte. Er war ganz aus glänzendem Marmor, mit goldenen Toren, die vor Edelsteinen funkelten. Die Türme reichten bis weit in die Wolken hinauf.

Drinnen saß seine Frau auf einem noch größeren goldenen Thron. Ihre Krone war mit Rubinen und Smaragden besetzt. Flankiert wurde sie von zahllosen Dienern und Pagen, manche so groß wie Riesen, andere klein wie Zwerge. Könige und Königinnen, Fürsten und Fürstinnen umschwärmten sie und wetteiferten um ihre Gunst.

»Ist das nicht wunderbar?«, fragte der Fischer seine Frau. »Du hast den Höhepunkt der Macht erreicht!«

Nach einer kurzen Pause antwortete seine Frau: »Wir werden sehen.«

In dieser Nacht schlief der Mann vor Erschöpfung wie ein Stein, doch seine Frau war immer noch nicht zufrieden. Sie wälzte sich hin und her und zerbrach sich den Kopf, was wohl noch mächtiger sein könne als eine Kaiserin. Als sie sah, wie am Horizont die Sonne aufging, fiel es ihr plötzlich ein. Sie stieß ihren Mann in die Rippen und flüsterte: »Ich könnte die Macht über die Sonne und den Mond haben …«

Der Fischer fiel vor Schreck aus dem Bett. »Das geht zu weit«, rief er und rieb sich die Augen. »Du wisst den Butt nicht ernsthaft bitten, dich zum lieben Gott zu machen?«

»Und ob!«, kreischte seine Frau begierig. »Ich verlange, was mir zusteht!«

Tränen strömten dem Fischer über die Wangen, als er zum Meer hinablief. Blitze zuckten über den Himmel und sprengten Felsen von den Klippen, während der Sturm ganze Bäume aus der Erde riss. Die See toste wie nie zuvor, und finstere Wellen, hoch wie Gebirge, schlugen krachend an den Strand. Der Fischer sank schlotternd auf alle viere und heulte:

»Manntje, Manntje, timpe te,
Buttje, Buttje, in der See,
meine Frau, die Ilsebill,
will nicht so, wie ich gern will!«

»Geh nur«, sagte der Butt. »Sie sitzt wieder in der schäbigen, alten Hütte.«

Und wenn sie nicht gestorben sind, sitzen sie dort noch heute.

ASCHENPUTTEL

Es war einmal ein Mädchen, das hatte alles, was es sich nur wünschen konnte. Doch dann wurde ihre Mutter schwer krank. Bevor sie starb, rief sie ihre geliebte Tochter zu sich ans Bett und flüsterte: »Mein Kind, ich muss nun gehen, aber ich werde immer bei dir sein. Nimm den Haselzweig von meinem Nachttisch und pflanze ihn auf mein Grab. Und vergiss nie: Wer allzeit freundlich und ehrlich ist, findet immer jemanden, der ihm hilft.« Sie gab dem Mädchen einen letzten Kuss und schlief friedlich ein.

Das Mädchen pflanzte den Haselzweig auf das Grab ihrer Mutter und benetzte ihn mit ihren Tränen. Als der Winter kam, legte sich der Schnee wie eine weiche weiße Decke auf das Grab, und als die Sonne sie wieder fortzog, hatte der Vater des Mädchens eine andere Frau geheiratet.

Die Stiefmutter brachte zwei Töchter mit in die Ehe. Alle drei waren hartherzig und behandelten das Mädchen schlecht. Sie nahmen ihr das Zimmer und all die schönen Kleider weg und gaben ihr stattdessen einen verschlissenen Kittel.

»Von nun an bist du unsere Magd!«, kreischten sie lachend.

Das Mädchen musste von frühmorgens bis spät in die Nacht arbeiten. Sie sollte Wasser holen, Feuer machen, kochen und putzen, während ihre Stiefschwestern sie ärgerten und verspotteten. Jeden Abend schlief sie völlig erschöpft vor dem Herd auf dem Boden ein, weshalb sie stets voll Asche und Staub war. Bald nannten sie alle nur noch »Aschenputtel«.

Eines Tages erhielten sie eine festliche Einladung: Der König veranstaltete einen rauschenden Ball. Er sollte drei Tage dauern, und alle jungen Frauen

im Land waren eingeladen, damit der Prinz sich unter ihnen eine Braut suchen konnte. Die Stiefschwestern waren vor Freude außer sich und riefen sofort Aschenputtel herbei. »Kämm uns die Haare, putz unsere Schuhe und schnür uns das Mieder!«, verlangten sie. »Wir gehen auf den Ball des Prinzen!«

Aschenputtel gehorchte, vergoss dabei jedoch bittere Tränen. Wie gern wäre sie auch auf den Ball gegangen!

Die Stiefschwestern schnaubten gehässig. »Du? Auf den Ball? Sieh dich doch nur an, du hässliches, schmutziges Ding. Du gehörst in die Küche!« Lachend leerten sie eine Schüssel mit Linsen in die Asche. »Die sammelst du schön wieder auf und trennst die guten von den schlechten. Wenn du bei unserer Rückkehr nicht fertig bist, kannst du dich auf etwas gefasst machen!«

Als Aschenputtel sicher war, dass alle gegangen waren, öffnete sie die Tür zum Garten und trat hinaus. Einen Moment lang stand sie einfach nur da, atmete den Duft der Kräuter und Blumen ein und mit ihm einen Hauch von Freiheit. Da erhob sich eine sanfte Brise und trug zwei weiße Täubchen in die Küche. Staunend sah Aschenputtel zu, wie mehrere Turteltauben, Schwalben und nach und nach all die anderen Vögel des Gartens folgten.

Sie ließen sich auf dem Herd nieder, nickten mit den Köpfen und flatterten mit den Flügeln. »Sollen wir dir helfen, die Linsen aufzulesen?«, fragten sie.

Dankbar antwortete Aschenputtel: »Oh ja, bitte! Die guten ins Töpfchen, die schlechten ins Kröpfchen!«

Die Vögel machten sich flugs an die Arbeit. Pick, pick, pick, ging es, und im Nu waren alle Linsen aufgelesen.

»Aschenputtel«, gurrten die Tauben, »wenn du den Ball des Prinzen sehen willst, klettere oben auf den Taubenschlag.« Sie geleiteten Aschenputtel die lange Leiter hinauf bis hoch auf das Dach des Vogelhauses. Von dort konnte sie den Ballsaal sehen, der im Schein von tausend Lampen zu glitzern und zu funkeln schien. Verzaubert beobachtete sie das fröhliche Treiben, bis ihre Stiefschwestern an der Reihe waren, mit dem Prinzen zu tanzen. Als sie sich sattgesehen hatte, stieg sie schweren Herzens wieder hinab und legte sich zum Schlafen vor den Herd.

Am nächsten Morgen stürmten die Stiefschwestern in die Küche, um Aschenputtel zu bestrafen. Sie waren sich sicher, dass sie es nie im Leben geschafft haben konnte, alle Linsen aufzusammeln und die guten von den schlechten zu trennen. Zu ihrem Ärger fanden sie die Küche jedoch blitzblank vor.

Daraufhin begannen sie, Aschenputtel von dem Ball vorzuschwärmen. »Wir hatten die Nacht unseres Lebens!«, riefen sie. »Der Prinz ist der schönste Mann auf der ganzen Welt, und er hat uns zu seinen Tanzpartnerinnen erwählt! Ganz bestimmt wird er eine von uns zur Frau nehmen.«

»Oh, ihr saht einfach umwerfend aus, als ihr über die Tanzfläche gewirbelt seid«, seufzte Aschenputtel und erzählte ihnen, wie sie vom Dach des Taubenschlages zugeschaut hatte. Die älteste Schwester wurde zornig, als sie das hörte, und ließ den Taubenschlag auf der Stelle abreißen.

Am Abend musste Aschenputtel ihre Stiefschwestern wieder für den Ball herrichten. Als sie ihre Tränen sah, bekam die jüngere Schwester Mitleid mit ihr und sagte: »Wenn es dunkel ist, kannst du ja zum Schloss gehen und durchs Fenster zuschauen.«

»Auf keinen Fall!«, kreischte die ältere und warf Aschenputtel einen Beutel mit Samenkörnern zu. »Die sortierst du, bis wir zurückkommen. Wenn nicht, werfe ich sie in die Asche, und du kannst wieder von vorne anfangen – und es gibt erst wieder was zu essen, wenn du fertig bist.«

Traurig setzte sich Aschenputtel vor den Herd und breitete die Samen vor sich aus. In dem Moment ging die Küchentür auf, und zwei Feldmäuse steckten die Näschen herein. Sie huschten zu Aschenputtel, und gleich darauf folgten ihnen zwei Kaninchen und mehrere Eichhörnchen. Die Tiere umringten Aschenputtel und fragten: »Können wir dir helfen?«

»Ja, bitte!«, antwortete sie. »Die guten ins Töpfchen, die schlechten ins Kröpfchen!«

Pick, pick, pick. Kleine Schnauzen, Äuglein und Krallen trennten die schlechten Samen so schnell von den guten, als wären tausend Tiere zugange. Als sie fertig waren, quiekten die Mäuse: »Aschenputtel, möchtest du auf den Ball gehen?«

»Ich würde so gern, aber ich habe nur diesen schmutzigen Kittel«, antwortete sie geknickt.

»Geh zum Haselbaum auf dem Grab deiner Mutter, schüttle ihn und wünsche dir ein schönes Ballkleid. Aber du musst unbedingt zurück sein, bevor die Uhr Mitternacht schlägt.«

Voller Hoffnung folgte Aschenputtel den Anweisungen ihrer kleinen Freunde. Während sie den kleinen Haselbaum schüttelte, sang sie:

»Bäumchen, rüttle dich, Bäumchen, schüttle dich,
und wirf ein Ballkleid über mich!«

Kaum hatte sie die Worte ausgesprochen, da trug sie ein wunderschönes silbernes Kleid, feinsten Schmuck, zarte Strümpfe und ein Paar silberne Schuhe, sodass sie funkelte wie ein Stern am Nachthimmel. Eine Kutsche, die von sechs schwarzen, mit Federbüschen geschmückten Pferden gezogen wurde, wartete bereits auf sie. Diener in blau-silberner Livree halfen ihr hinein, die Pferde galoppierten los, und im Nu fuhren sie vor dem Königsschloss vor.

Als Aschenputtel den Ballsaal betrat, zog sie alle Blicke auf sich. Die Gäste tuschelten und fragten sich, wer diese strahlende Prinzessin in ihrem Kleid aus Sternenlicht wohl sein mochte. Selbst ihre eigenen Stiefschwestern erkannten Aschenputtel nicht.

Der Prinz eilte auf sie zu und führte sie auf die Tanzfläche. Den ganzen Abend tanzte er nur mit ihr, denn er war sich sicher, in ihr seine Auserwählte gefunden zu haben. Überglücklich wirbelte Aschenputtel mit ihm durch den festlich erleuchteten Saal. Doch als es kurz vor Mitternacht war, fiel ihr die Warnung der Mäuse wieder ein. Sie verabschiedete sich von dem Prinzen und verschwand, sosehr er sie auch anflehte zu bleiben.

Zu Hause ging Aschenputtel schnurstracks zu dem kleinen Haselbaum auf dem Grab ihrer Mutter und sagte:

»Bäumchen, rüttle dich, Bäumchen, schüttle dich,
wirf meinen Kittel über mich!«

Augenblicklich hatte sie wieder ihre alten Lumpen an. Sie lief in die Küche zurück, rieb sich etwas Asche ins Gesicht, um keinen Verdacht zu erregen, und legte sich schlafen.

Am nächsten Tag war von der guten Laune der Stiefschwestern nicht mehr viel übrig. Während Aschenputtel sie für die letzte Ballnacht herausputzte, beklagten sie sich bitterlich über die geheimnisvolle Prinzessin, die den Prinzen die ganze Zeit über für sich vereinnahmt hatte. Bevor sie gingen, gaben sie Aschenputtel einen großen Korb mit Erbsen zum Putzen.

In der Hoffnung, dass die Tiere ihr erneut helfen würden, öffnete Aschenputtel die Küchentür und stellte fest, dass ihre pelzigen und gefiederten Freunde bereits auf sie warteten.

»Können wir dir helfen?«, fragten sie.

»Oh ja, bitte!«, antwortete sie lächelnd. »Die guten ins Töpfchen, die schlechten ins Kröpfchen!«

Mit so vielen helfenden Pfoten und Schnäbeln war die Arbeit im Nu erledigt. Sobald sie fertig waren, riefen die Tiere: »Aschenputtel, geh und schüttle deinen Baum. Er wird dir auch heute ein wunderschönes Kleid schenken. Aber vergiss nicht, vor Mitternacht zurückzukehren.«

Aschenputtel eilte zum Baum ihrer Mutter und sang:

»Bäumchen, rüttle dich, Bäumchen, schüttle dich,
wirf ein Ballkleid über mich!«

Im nächsten Moment trug sie ein umwerfendes Kleid aus feinster goldener Seide, das mit kostbaren Juwelen bestickt war. Ihre Füße steckten in schimmernden Strümpfen und goldenen Schuhen, sodass sie wie die Mittagssonne

strahlte. Diesmal wartete eine Kutsche auf sie, die von sechs weißen Pferden mit üppigen Federbüschen auf den Köpfen gezogen wurden, und die Diener trugen rot-goldene Livree.

Als Aschenputtel vor dem Schloss vorfuhr, wartete der Prinz bereits auf sie. Er nahm ihre Hand und führte sie in den Saal. Bei ihrem Eintritt kehrte schlagartig Stille ein, denn ihre Schönheit raubte allen Gästen den Atem. Aschenputtel und der Prinz tanzten den ganzen Abend miteinander, während die Stiefschwestern blass vor Neid in der Ecke standen und zusehen mussten.

Aschenputtel lachte vor Glück, als sie mit dem Prinzen über die Tanzfläche wirbelte. Ihr goldenes Kleid glitzerte und funkelte im Glanz der tausend Lichter. Sie hatte so viel Spaß, dass sie alles um sich herum vergaß. Erst als die Uhr Mitternacht schlug, fiel ihr die Warnung der Tiere wieder ein.

Hastig eilte sie die Treppe hinunter, ohne zu ahnen, dass der Prinz seine Bediensteten angewiesen hatte, die Stufen mit klebrigem Pech zu bestreichen, damit sie ihm nicht wieder entfliehen konnte.

Einer ihrer goldenen Schuhe blieb am Pech kleben, doch Aschenputtel hielt nicht an. Die Angst trieb sie unbarmherzig vorwärts. Gerade als sie die letzte Stufe erreichte, schlug die Uhr zum zwölften Mal, und die Kutsche mit den sechs weißen Pferden löste sich vor ihren Augen in Luft auf.

Als Aschenputtel an sich hinabblickte, trug sie wieder ihren verschlissenen schmutzigen Kittel. Sie versteckte sich hinter einer Hecke und beobachtete, wie der Prinz auf den Treppenabsatz trat. Er entdeckte den goldenen Schuh und löste ihn behutsam vom Pech. Mit dem Schuh in der Hand stand er auf den Stufen und spähte in die dunkle Nacht hinaus, doch seine Liebste war nirgendwo zu sehen.

Aschenputtel blieb nichts anderes übrig, als zu Fuß nach Hause zu gehen. Zurück in der Küche entzündete sie ihre kleine Öllampe und hängte sie in den Kamin, dann legte sie sich zum Schlafen in die Asche.

Bald darauf kehrten auch die Stiefschwestern heim. Sie beklagten sich über die unbekannte Prinzessin, die ihnen den Abend verdorben hatte. »Nicht zu fassen, dass er den Ball einfach beendet hat, als sie davongelaufen ist!«, jammerte die jüngere, und die ältere fauchte: »Ich wünschte, sie würde tot umfallen!« Aschenputtel konnte sich ein kleines Lächeln nicht verkneifen.

Unterdessen versuchte der Prinz verzweifelt, die bezaubernde Prinzessin zu finden, in die er sich verliebt hatte. Sein einziger Hinweis war der goldene Schuh, den sie verloren hatte, daher ließ er im ganzen Land bekannt machen, dass er die Person heiraten würde, der dieser Schuh passte. Er zog von Haus zu Haus, um die geheimnisvolle Prinzessin aufzuspüren, doch allen, die den Schuh anprobierten, war er zu klein.

Schließlich waren die Stiefschwestern an der Reihe. Sie hatten beide kleine, zierliche Füße und waren sich sicher, dass einer von ihnen der Schuh schon passen würde. »Wäre der Prinz doch nur gleich hierhergekommen«, prahlten sie. »Damit hätte er sich viel Mühe erspart.«

Dennoch nahm die Mutter ihre beiden Töchter heimlich beiseite. »Hört zu«, flüsterte sie. »Nehmt dieses Messer. Falls euch der Schuh nicht passt, schneidet einfach ein Stück von eurem Fuß ab.« Als sie ihre entsetzten Gesichter sah, ergänzte sie: »Was macht ein bisschen Schmerz, wenn ihr den Rest eures Lebens als Königin auf dem Thron sitzen könnt?«

Als der Prinz der älteren Schwester den goldenen Schuh reichte, eilte sie damit in ihr Zimmer – doch ihr Fuß war zu lang. Entschlossen nahm sie das Messer und hackte sich ein Stück von der Ferse ab, bevor sie sich in den Schuh zwängte.

Als der Prinz den goldenen Schuh an ihrem Fuß sah, verkündete er überglücklich, dass er seine Braut gefunden hatte. Er führte sie zu seinem Pferd, um mit ihr zum Schloss zu reiten, aber als sie das Gartentor erreichten, begannen die Tauben auf dem Dach, die Turteltauben auf dem Zaun und die Schwalben in der Hecke zu singen:

»Rucke di guh, rucke di guh,
Blut ist im Schuh!
Der Schuh ist zu klein,
die wahre Braut sitzt noch daheim.«

Der Prinz sah hinab und erkannte, dass Blut aus dem goldenen Schuh quoll. Da wurde ihm klar, dass er angelogen worden war. Er wendete sein Pferd und ritt mit der falschen Braut zum Haus zurück.

Die Mutter packte die jüngere Tochter und raunte: »Nimm den Schuh, und wenn er dir zu klein ist, hack dir die Zehen ab.« Das Mädchen eilte in ihr Zimmer und probierte, den Schuh anzuziehen. Als er nicht passte, biss sie die Zähne zusammen, hackte sich beherzt ein Stück von den Zehen ab und zwängte den Fuß schnell in den goldenen Schuh. Wieder glaubte der Prinz, er hätte seine Prinzessin gefunden. Doch als sie zum Gartentor kamen, fingen die Feldmäuse auf der Mauer, die Eichhörnchen in den Bäumen und der Dachs in der Hecke an zu rufen:

»Sieh zu, sieh zu,
Blut ist im Schuh!
Der Schuh ist zu klein,
die wahre Braut sitzt noch daheim.«

Der Prinz stellte fest, dass der Strumpf des Mädchens voller Blut war. Er ritt zurück und fragte die Mutter: »Habt Ihr noch eine weitere Tochter?«

»Nein!«, versicherte die Mutter. »Außer uns ist nur noch Aschenputtel hier, unsere schmutzige Magd. Ihr wird der Schuh bestimmt nicht passen.«

Doch der Prinz verlangte, dass Aschenputtel herbeigeholt wurde. Dann kniete er sich vor sie und streifte ihr den goldenen Schuh über den schmutzigen Fuß. Er passte perfekt. Ihre Blicke trafen sich, und der Prinz erkannte, dass er seine Braut gefunden hatte.

Die Stiefmutter und ihre beiden Töchter erbleichten, als der Prinz Aschenputtels Hand nahm und sie bat, ihn auf sein Schloss zu begleiten. Sie stimmte glücklich zu, und die beiden verließen gemeinsam das Haus. Als sie durch das Tor ritten, sangen Aschenputtels pelzige und gefiederte Freunde voller Freude:

»Rucke di guh, sieh zu, sieh zu,
diesmal ist kein Blut im Schuh!
Der Schuh ist nicht zu klein,
nun führt er die wahre Braut heim!«

NACHWORT

Ich bin in Norddeutschland auf die Welt gekommen und aufgewachsen. Unser Haus war von Wäldern umgeben, und ich verbrachte viel Zeit damit, draußen zu spielen und mich zu fragen, was hinter dem nächsten Baum auf mich warten mochte, oder mit meinem Bruder kleine, wacklige Häuschen zu bauen und mir vorzustellen, welches märchenhafte Wesen wohl darin übernachten würde. In dieser Welt voll Abenteuer und wilder Magie waren die Märchen der Brüder Grimm meine ständigen Begleiter. Sie prägten das Bewusstsein der Deutschen und ihrer nordeuropäischen Nachbarn und waren in sämtlichen Geschichten und Warnungen präsent, die meine Eltern und Großeltern uns Kindern mit auf den Weg gaben.

Mit dieser Sammlung schlüpfe ich nun selbst in den Umhang der Märchenerzählerin. Als Autorin und Illustratorin habe ich die Geschichten nach meinem Geschmack und meinen Moralvorstellungen abgewandelt. Zwangsläufig steckt etwas von meiner Kindheit sowie von meinen Erfahrungen als Frau, Künstlerin und Mutter in der heutigen Welt darin – wenngleich ich versuche, den Märchen in der Form, in der sie seinerzeit erstmals niedergeschrieben worden sind, möglichst treu zu bleiben.

Ich hoffe, diese Sammlung von Grimms Märchen verrät ein winziges bisschen über mich und mein inneres Kind. Vielleicht findet darin jemand seinen eigenen verwunschenen Weg zurück in eine verloren geglaubte Welt …

Sandra Dieckmann 2024